成長する英語教師をめざして

新人教師・学生時代に読んでおきたい教師の語り

柳瀬陽介・組田幸一郎・奥住桂 編

ひつじ書房

まえがき

　今こうして本書を手にとってくださった皆さん、英語教師の世界へようこそ。この本は英語教師という仕事をより深く理解するためのものです。

　もしあなたが英語教師という仕事に興味をもっている若者ならぜひ思い切って英語教育の世界に飛び込んでみてください。21世紀日本で、人間を、そして社会を創り出すことに関わるやりがいのある仕事です。

　もしあなたが既に英語教師であるのなら、あなたの苦労が将来に結ぶであろう大きな収穫を理解するために読んでください。毎日の仕事に少しずつ喜びを見いだせるようになってください。

　もしあなたが既に他の定まった仕事をもつのなら、その立場から英語教育を支援してください。英語教育というのは現代日本にとって非常に重要な営みです。

　この本は、全国各地の英語教師が、英語教師としての楽しみと喜び（そしてそれらの背後にある苦労）を語ったものです。実践者ならではの具体的なエピソードをもり込んで英語教師としての充実感を描いています。

　一方的な「お説教」や「べき論」はありません。執筆者は全員、自分が直接・間接に経験したことをクールにもう一度分析して原稿を書きました。現場に密着した「虫の目」と一歩離れたところから英語教育という営みを見通す「鳥の目」の両方を兼ね備えた文章を目指しました。

　この本を通じて、1人でも多くの方が、英語教育という、ともによい社会を創る営みにより深く参画してくだされば と思います。　　　　　（柳瀬陽介）

目次

まえがき　　　　　　　　　　　　　　　　　　　　　　　　　　　iii
はじめに―この本の読み方ガイド　　　　　　　　　　　　　　　　　1

第1部　「英語教育」の現実と可能性 ── 5
　　1. 何気ない日常に学ぶ教師のすごさ　　　　　柳瀬陽介　7

第2部　ようこそ授業の現実へ ── 17

第1章　小学校英語教育の産みの苦しみ　　　　　　　　　19
　　1. 言語教育としての英語教育　　　　　　　　宇江裕明　21
　　2. 地域で創り上げる小学校英語教育　　　　横溝紳一郎　29

第2章　変化めまぐるしい中学生を教える　　　　　　　　37
　　1. 1年生とどう出会う？　　　　　　　　　　道面和枝　39
　　2. 2年生とどうつきあう？　　　　　　　　　上山晋平　47
　　3. 中学3年生をどう育てる？　　　　　　　　大野理智子　54

第3章　高校でのさまざまな実践　　　　　　　　　　　　61
　　1. 「反省的実践」の実態とは　　　　　　　　山岡大基　63
　　2. 「教育困難校」での苦労と喜び　　　　　　福水勝利　70
　　3. 人生というスパンで考える生徒の成長　　組田幸一郎　76
　　4. 「進学校」での喜びと苦労　1　　　　　　麻生雄治　82
　　5. 「進学校」での喜びと苦労　2　　　　　　阿部清直　88

第3部　英語教師の意味ある人生 ── 95

第4章　教師人生のスタート　　　　　　　　　　　　　　97
　　1. 初めての教員採用試験　　　　　　　　　組田幸一郎　99

2. 教員になって初めの半年間　　　　　　　　出口賢一　106
　　　3. 臨任での学び　　　　　　　　　　　　　　奥住桂　113
　　　4. 新任英語教師の実際　　　　　　　　　　　矢原孝則　120
　　　5. 民間企業からの転職　　　　　　　　　　　山谷千尋　127

　第5章　教師人生の本格化　　　　　　　　　　　　　　　　　135
　　　1. 最初の担任　　　　　　　　　　　　　　　兼田幸恵　137
　　　2. 2巡目の担任をする頃　　　　　　　　　　大塚謙二　144
　　　3. 教員集団の「中堅」になる　　　　　　　　福島昭也　150
　　　4. 中学校と高校を経験して　　　　　　　　　高橋圭　157
　　　5. 英語教師の大学院入学　　　　　　　　　　奥住桂　163

第4部　職業人としての学び　　　　　　　　　　　　　　　　171

　第6章　縦と横のつながりを大切にする　　　　　　　　　　173
　　　1. 歴史的感覚を身につける　　　　　　　　　江利川春雄　175
　　　2. ネットワーク感覚を身につける
　　　　　　　　　　　　奥住桂・組田幸一郎・柳瀬陽介　182

　第7章　特別エッセイ　　　　　　　　　　　　　　　　　　193
　　　1. 教師としての資質　　　　　　　　　　　　組田幸一郎　195
　　　2. 自分を高め続けること　　　　　　　　　　樫葉みつ子　201
　　　3. 歩く人が多くなれば、それが道になる　　　加藤京子　207
　　　4. 目の前の生徒の教師になるということ　　　蒔田守　219
　　　5. ずっと覚えておいてほしいこと　　　　　　中嶋洋一　226

あとがき　　　　　　　　　　　　　　　　　　　　　　　　243
執筆者・編者紹介　　　　　　　　　　　　　　　　　　　　245
重版に際して一言　　　　　　　　　　　　　　　　　　　　248

はじめに──この本の読み方ガイド

埼玉県宮代町立須賀中学校　奥住桂

1.「英語教師の人生」が詰まった1冊

　この本には、「英語教師の人生」がたくさん詰まっています。

　「英語教師」と一口に言っても、いろいろな環境で指導に当たっている人たちがいますが、この本では主に小中高校などの学校において、生徒に英語を教えるために日々奮闘している学校教師を想定しています。あなたは、そんな「全国のどこかでがんばっている英語教師」の人生の一部にふれて、何を考えるでしょうか。

　もしもあなたが、これから英語教師になりたいと考えている学生であれば、これから出会うであろう苦しみや喜びを少しだけ垣間見て、「自分だったらどうするだろう」と未来の自分の姿を思い巡らすのでしょう。

　もしもあなたが、まだまだ若葉マークのついた新人教師であれば、どんなカリスマ教師にも新人時代があり、今のあなたと同じように汗と涙を流しながら日々闘っていたことを知り、少しだけ勇気づけられるかもしれません。

　もしもあなたが、もう生徒に直接英語を教えることができない立場になっていて、次世代を担う後輩英語教師にこの本を贈るとしたら、どんな言葉を添えるでしょうか。

　もしもあなたが、学校教育とは直接関係ない立場にいるとしたら、巷で騒がれている「日本人の英語力」の土台を作るために学校教師たちが奮闘する姿は、いったいどのように映るのでしょうか。

　教師人生のその時その時で、この本の持つ意味は変わってくるかもしれません。そんな本を、私たちは創りたいと思いました。様々な「現場の声」を集めて、並べてみることで、それはまるで1人の教師の成長記録のようにつ

ながっていくのではないか、とも考えました。実際には、様々な分岐点で違った選択をした様々な人たちの言葉が集まりましたので、英語教師として歩むことができる様々な可能性を記すことができたと思っています。

2．教師の「現場」の声は届いているのか？

　しかし「現場」というのは、非常に強い言葉です。教師に対する批判も、「現場を知らないやつが何を言うか」と言ってしまえば、一時的に封じることができます。それだけに無闇に使うのはフェアではありません。一方で、その「現場」の苦労や喜びを、我々教師たちは「外部」の人たちに知ってもらう努力をしてきただろうか、とも思います。

　今、学校組織の中では、教師の年齢構成がいびつになり、これまで先輩から後輩へと引き継がれてきた有形無形の指導のノウハウが、若い教師に伝わりにくい現状があります。そのせいか、以前より教科指導法のアイディアや教材をシェアしたり、伝授したりするようなワークショップが学校外の場所で増えてきたように思います。

　一方で、遠方のカリスマ教師の授業アイディアは知っているけど、同じ学校の同僚教師がどんな授業をしているかは全然知らない、という奇妙なことも起こるようになってきました。「コミュニケーション」を教える英語教師の世界で、「同僚性」という言葉がこれほど問題になってきているのは本当に皮肉なことです。この本が、そんな英語教師たちのすき間を少しでも埋めて、同僚同士で、先輩と後輩とで、目の前にいる生徒たちにどうやって力をつけさせるかを一緒に考えるためのきっかけになればと願っています。

3．どこから読むかは、あなた次第

　この本には、計24人の英語教師と教師を志す4人の学生のナマの「語り」が詰まっています。有名無名を問わず、全国各地の「現場」で奮闘している英語教師のリアルな日常が綴られています。あなたの立場や興味関心に従って、好きなページから読んでみることをお勧めします。

はじめに

　第1部では、代表編者でもある柳瀬陽介先生から、「何気ない日常に潜む教師のすごさ」が語られています。言ってみれば、この本を読む上での「心構え」になります。先輩教師の語りや実践を前にして、ただその表面だけを追っていては、大切なことを見落としてしまいがちです。自分の可能性を自分でつぶしてしまうことがないように、目の前の事実をどう観察し、どう分析すればよいか。自分の頭で「考えられる人」になるためのヒントが数多く投げかけられています。

　第2部では、小学校、中学校、高校のそれぞれの校種で、英語教育に奮闘する教師の言葉が綴られています。英語教育に携わりたいけど、小中高どこで教えようかと迷っている学生には、それぞれの経験を読み比べることで、自らを活かす道を決める助けとなるかも知れません。また現職教員にとっても、他校種でどんなことが起きているのか、どんなことを考えて（願って）指導しているのかを知ることは、校種を超えた連携を探る意味でも大変価値のあることだと思います。

　第3部では、英語教師のキャリア形成に着目し、初任者、中堅、ベテランと教師キャリアの様々な段階にある人たちに、今の思いを率直に語ってもらっています。中には民間企業から転職して教職に就いた人、臨時的任用の立場で奮闘する人の言葉も収められています。先輩教師から見れば「青臭い」話もあるかもしれませんが、かつて自分が通ってきた道を思い返し、新鮮な刺激を受けることもあるでしょう。また何より、いくつになっても学び、成長し続ける教師の姿に刺激を受ける人も多いことでしょう。

　第4部では、特別エッセイという形で、より俯瞰的に教師人生を語れる方々に執筆をお願いしました。様々な道でのスペシャリストの言葉に、自分の立ち位置を再確認したり、その環境で自分にできることを再発見したり、第1部から第3部までの語りをより高めたり深めたりできるスパイスが詰まっています。第4部を読んだ後、また自分の関心のあるページに舞い戻ってみると、新たな発見があるかもしれません。

4. 様々なスタンス、様々な思い

　さて、この本は様々な教師の語りを集めた形になっているため、収められている文章に統一感がないとお感じになる方もいらっしゃるかもしれません。本来、編集の段階である程度文章のテイストを合わせる作業をおこなうものだとは思いますが、様々なスタンス、様々な思いをそのままお伝えすることを優先し、できるだけそのままの形でお届けしています。

　中には相反する考えを持った先生の主張が並んでいるように思われるところもあるかもしれません。でもそういった対立や矛盾は、教師の成長を考えた時に、一個人の中でも起こりうる葛藤であると思います。ぜひ、いろいろな人の言葉を読み比べながら、自分自身の今の時点での答えを探し出す材料にしていただければと思っています。一見相反する人たちの言葉の中にさえ、共通する「核」が存在することもあります。そんなことを考えながら読むのも、本書の楽しみの1つになるだろうと期待しています。

5. マニュアルではなく、マイルストーンとして

　生徒が成長するように、教師も成長していきます。いや、成長していかなくてはなりません。今、自分は長い道のりのどこにいるのか。それが見出せるようになるまでには、それなりの経験を積まなくてはなりません。

　しかし、この本は、「英語教師としての生き方マニュアル」ではありません。生徒の成長を思い浮かべればわかることですが、教師の成長だって、そのスピードも、方向も、度合いも、人それぞれだからです。この本は、あくまで先人が残していった「マイルストーン」に過ぎません。成長し続ける教師のみなさんがそれぞれの頂上を目指して登っていく時に、立ち止まったり、振り返ったり、見上げたりするための目印にしてください。歩む道のりは、読んで下さった人の数だけ存在します。

　そしてこの本をお読みのみなさんも、あとに続く誰かのために、何より自分自身のために、ご自身の体験や思いをいつかその道のりに残していってくださることを、私たちは願っています。

第1部
「英語教育」の現実と可能性

　書店には、たくさんの「マニュアル本」が並んでいます。
　タイトルには「○○力」や「○○だけでできるようになる」といった言葉が並び、読者が「楽にスキルを身につけられる」と訴えています。それぞれのノウハウには実際に誰かが成功した実績があったり、科学的な裏打ちがあったりするのでしょうが、すべての人に万能であるわけではありません。そして、あれだけの数の本を眺めていると、自分はあといくつの「力」や「術」を身につけなければいけないのか、と不安な気持ちにもなってしまいます。
　そんな中、先日インターネット上で見かけたある学生の言葉にはっとさせられました。
　「そろそろ「○○勉強法」とか「○○力」関連の新書読むの止めてもいい頃かな。重複する部分がかなり見つかったから共通項をピックアップしてブログにあげるとする」
　そうか、「どの「力」が自分には必要なのか」ということや「それぞれの本に共通する力は何なのか」という俯瞰的な読み方こそ大切なのだな、と感じました。確かに、そうでないと「マニュアル本の選び方」なんて本に頼ることになってしまいます。
　第1部では、そんな「俯瞰的な読み方」を考えます。読む対象は本だけではありません。人の実践や言葉をどう読み解くか、ということも含まれます。
　柳瀬陽介先生は、「自分の頭で考えなくなってしまった教師」の存在を心配しますが、もちろん、「学びたい」「考えたい」と思いながら時間がなくてなかなか学べないと感じている教師もたくさんいます。柳瀬先生は、そんな教師に向けて「学び方」を提案しています。ただし、具体的な学習方法や教材を提示するわけではありません。
　この本をただの「マニュアル」としてしまうのか、それとも「よき教材」とするのか。そのための「心構え」が詰まっています。
　　　　　　　　　　　　　　　　　　　　　　　　　　　　（奥住桂）

⊡ 何気ない日常に学ぶ教師のすごさ

広島大学　柳瀬陽介

1.「考えない」時代

　若い感性はしばしば深い知恵を示す。ある高校生は「僕達の世代は、「考える」ということが少なくなっている様な気がします」と言う[1]。世の中に「ほぼ正しいやり方」ができあがっているからだ。受験では生徒が考える前に先生が「ほぼ正しいやり方」を提示してくれる。それに従いさえすれば受験には合格する。吹奏楽などの芸術コンクールでも、どうすれば全国大会に行けるかという「ほぼ正しいやり方」が確立している。それにより近づくことが金賞への道となっている。この高校生は、審査員の音楽家に「どんな音楽をやりたいの？」と尋ねられても笑って誤魔化すしかなかったと正直に述懐している。でも「目の前に「やらなければいけないこと」がたくさんあって、それをこなすのに精一杯」と彼は言う。

　目に見える素晴らしい結果と裏腹の、内面的な空虚。受験に合格するけれど、自ら考えることができない。音楽で金賞をもらうけれど、自ら感じることができない──これは就職でも同じだという[2]。テストの成績はいいが、現実世界で使いものにならない若者が少なくないという。

　若者の学力低下を懸念する多くの企業は、各種のマークシート試験を第一次選考に使う。語彙力や読解力などの国語力(言語能力)、虫食い算や方程式、物理的問題などの論理的思考・推理力(数理能力)などが試される。この結果によって大半の学生が足切りされるから大学生は必死にテスト対策をする。かくして小学校から大学卒業時まで、若者はおよそ「効率のいい」テスト対策に追われる。もちろんこういった基礎的なトレーニングは重要だ。しかしどんなに素晴らしいトレーニングもそれしかやらなかったら、人間はバ

ランスを崩してしまう。

　良いものには必ず副作用がある。中学入試・高校入試・大学入試・就職活動において「とにかく覚えておけ」「とにかくこうやれ」と訓練されて優秀な成績を収めた若者は、学ぼうとする意欲を失っている。自ら進んで学んだ経験がないからだ。また、自ら答えを探す気がない。答えはどこかにあるものと思い込み、その答えに早く到達する方法を教えてもらうことこそが勉強だと信じて疑わないからだ。さらには、問いを自ら見つける力がない。問題は問題集の上で与えられるものでしかなかったからだ。かくして育つ「考えない」「語れない」「現実に関われない」若者を多くの企業人が懸念している。「日本人よりも外国人留学生を採ろう」という動きが日本企業に芽生え始めたのも無理ないのかもしれない。

　だがこういった若者を育てたのは私たち大人だ。特に学校教師だ。

　そもそも「考えない」のは若者だけでなく、教師もそうなのかもしれない。教師までもが考える余裕を失っているのかもしれない。

　敢えて名前は伏せるが、指導的立場で全国をまわり、教師のための研修会を開催してひっぱりだこになっているある先生は「技術の切り売りをして歩くのは、実はデメリットの方が多い」と語る。同じような立場の研修会講師も同意見だと言う。教師が「明日から使える指導技術」ばかりを求めて研修会に来るので、理念のない活動の羅列で50分をやりくりする授業が増えていくのが心配だと彼は言う[3]。すべての教師が考えられない教師だとは言わない。だが現在、多くの教師が自ら考え、感じることを奪われた生活をおくっているのではないか。考えられない若者は、考えられない教師の姿を映し出している鏡ではないのか。

　私自身大学で教えていて「問題集をやっておけと言われると安心するけど、自分で課題を見つけろと言われると不安になる」と告白する新入生によく出会う。ある進学校から入学してきた学生は、求められたことをやることはできても、自ら何かを求めることはできないという。自分が何を求めているのかを考えても考えられない。自分の欲求を感じられないとも言う。

興味・関心・態度といったものは本来内面的なもので、外面に数量的に現れるものではないというのが常識だと思うが、現在の日本の学校では興味・関心・態度を「公正」「客観的」に評価することが是とされている。「公正」「客観的」に評価するのだから、興味・関心・態度は誰が見ても同じ見える「ポイント」に還元され、合計され、評価される。

　だが端的に問う。興味・関心・態度をこのように学校が評価するようになってから若者は意欲的になったのか？　むしろ以前にもまして他人──特に評価者という権力者──の顔色をうかがい、自らの心を感じることすらできない若者を増やしているのではないか。

　受験の合格、コンクールの金賞、就活マークシート試験の高得点、興味・関心・態度の評価──これらで怖いのは、これらを促進している多くの教師、その教師に従っているほとんどの生徒が「正しいこと」をしていると信じて疑っていないことだ。結果を確実に出す自分の指導は「よいこと」だと自信たっぷりの教師もいるだろう。あることを「正しく」「よいこと」としか考えられないようになること──これこそがイデオロギーの怖さだ[4]。現在、教育が産業の論理で行われること、例えば「数値目標」を達成して「説明責任」をはたすことなどは、教育行政が推進してやまないことだ。40年ぐらい前は「産学協同」など批判の対象でしかなかったことからすると時代は変わるものだと思わざるをえない。もちろん昔の考えが正しかった、などといった一面的な結論にはくみさない。ただ、私たちには「考える」こと──今・ここの時空を超えて、様々な可能性を想像すること──が必要だとは訴えたい。

　というより現実は、生徒に、そして教師に、「考える」ことを要求している。受験マニュアル通りに勉強して合格しても、就活に失敗する。就職しても現実生活に耐えられない。いや、多くの生徒は、そもそも学ぶ、あるいは成長する意欲を失っている。学校で身につけているのは、自ら感じることを忘れたような鈍重な表情と仕草だけではないかとも思えてくる。あるいは自分の目の前の快楽的損得には敏感でも、それを超えたことを考えられない。あるいは言われたことをやることだけが取り柄の子どもとなる。そうしてま

すます過酷になってきているグローバル競争社会に適応できなくなる。かといって、そんな社会に異を唱えることもできなくなっている（現代日本の若者のおとなしさは、他国の若者、あるいは学生運動時の日本の若者からすれば驚くほどである）。

　教師はなんとかしたい。だがかつて学校優等生であり、卒業後はすぐに管理的な教育行政に適応することを学んだ若い教師は、途方にくれるばかりである。大学や学会で提供される研究はしばしば文字通り「教科書的理想状況」での英語教育ばかりを語る。教育行政は、教師の声に耳を傾けることもなく、教師にゆっくり考える時間を与えることもなく、次々に新事業を起こし、新たな数値目標を設定し、書類作りばかりを要求する。多忙で過酷な毎日の中、同僚、先輩・後輩のつながりもどんどん失われている。もう、大学・学会・教育行政などに頼ってはいられない。目の前の生徒の人生に働きかけるには教師自身が考えてなんとかするしかない。

　時代は「考えない」ことばかりを促す。ならば反時代的に、自ら考えなければ、この時代は打開できない。生徒の人生を、そして教師自身の人生を人間的なものにするには、自ら考えるしかない。自ら考える者だけが他人と連帯できる。

2. 観察力で考える材料を見つける

　それではどうやって考えよう。考えるためには、考える材料が必要だ。だが学会や教育行政が提示する材料は、しばしば的外れだ。自ら考える材料を見つける必要がある。観察力を身につけなければならない。

　観察力とは、自分にとって重要な違いを見出すことができる力だ。単なる違いではなく、自分にとってさらに重要な違いを生み出すような違いを、あまたの違いから見抜くことである[5]。例えば、同じ授業を見てどんなことに気づいたかについて語り合っても、教師としての力量の違いで、観察されるものは大いに違ってくる。新人はとかくどうでもいい表面的な事柄を取り上げる。たしかにそれは1つの違いである。しかし授業の根幹にかかわり、生

徒に影響を与える違いではない。他方、実力者は、表面的には小さな違い、あるいは「○○をしなかった」という見えない違いまでも見逃さない。実力者にとって重要なのは、違いを生み出す違い―その後の展開に大きく影響する違い―を逃さず観察することなのだ。

　この本でも、ある教師は「生徒のことで悩むとき、解決策は生徒の顔に書いてある」と言う。教師の力量とは、生徒をどれだけ観察できるか、そして自分自身をどれだけ観察できるかだ。最初は試行錯誤かもしれないが、自らの観察に自覚的になり、その観察が後々に違いを生み出すかを振り返る。こうして観察することが考えることの第一歩である。この本で展開される様々な教師の観察を、それこそよく観察して頂きたい。

3. 分析力で観察した内容を構造化する

　観察した事柄も、それが多くなってくると、自らの中でも整理できず混乱する。観察力が高まれば、観察対象も増えるのだから、次は観察対象、つまりは考える材料を分類し構造化するための分析力が必要になってくる。

　分析力とは、考察の対象の、類似性・相違性に着目してそれらの関係性を明示的に示す力のことだ。関係性には、重要度の大小（マグニチュード）、時間的順序（シークエンス）、親子関係の階層性（ツリー）、格子状の表（マトリクス）、中心も始まりもなく多様につながるネットワーク（リゾーム）などがある。これらの関係は、しばしば紙に書いて（あるいはコンピュータ上に表現して）はじめて理解できる。分析力はしばしば視覚表現とともに育つ。

　前に述べた指導的立場にある優れた教師の仕事ぶりだが、何につけ整理が見事だ。だが、この整理は「塵ひとつない」といった生理的なものでなく、整然として必要なものがすぐに見つけ出せるという構造的なものだ。この本でも数々の教師の分析が示される。その分析力をぜひそれこそ分析していただきたい。

　そうして考察の対象の関係性を明らかにしてゆけば、これまで予想もしなかった新たなつながりや類似性に気づくことができる。「これとこれを結び

つけてみたらどうだろうか」という新しい結合（シンタクス）、「この関係は、あの関係と似ていないだろうか」という類比（メタファー）により、これまでなかった展開ができるようになる。かくして分析力は思考力につながる。

4．思考力で「今・ここ」から自由になる

　思考とは、現在与えられた状況からいったん離脱することである。離脱して、分析された対象を様々に組み合わせ、新たな可能性を探り当てる。そうして思いついた可能性をもって再び現実世界に戻り、その可能性を試してみる。これが「机上の空論」ではない「生きた思考力」である。

　思考は、対象を統語的に結びつけ対象間の意味関係を様々に操作し、さらには比喩を使って思いも掛けない発想の転換を可能にするが、「シンタクス」や「メタファー」といった用語が示すように、こういった思考は極めて言語的である。もちろん非言語的な思考というものもあるのだが（例えば想像上の立体を回転させる思考）、私たちの多くの思考は言語的である。だからよく考えるためには、よく語らなければならない。逆に言うなら、丁寧に語ることによって私たちははじめて明晰に考えることができる。

　誤解してはならないのは、思考しながら語ること（あるいは語りながら思考すること）は、通論・俗論を繰り返すことではないということだ。通論・俗論とは、現状の閉塞状況を追認的に述べるだけだからだ。思考しながら語る、あるいは思考するために語るとは、現状からいったん自由になり、現状を打開する可能性を探求することだ。だから注意深く語らねばならない。そのために人はしばしば書く。書けば自ら自分の言語を注視することとなり、それについて考えざるをえないからだ。そして自らの言語について思いを深めてゆくと、自らの言語の限界にも気づいてゆく。語彙があまりにも足りない。語り方に一定のパターンがあり、そこから抜け出せていない。かくして思考し、書く人間は、自ずと読書をする。良書の練り上げられた言語表現に、自分が汲み尽くしていない新たな言語の可能性を学ぶのだ。

　もちろん新たな言語の可能性を学ぶのは読書だけに限らない。他人の語り

を丁寧に聴くことでも、人は新たな言語の可能性を学ぶことができる。知識人の語りから学べるかもしれないが、むしろ教師にとって学べるのは、自分より知識が少ないはずの生徒の語りである。生徒の語りに素直に耳を傾け、その語りを理解するために、自らの思考パターンを拡張し、あるいは壊すことができる人——こういう謙虚な人は自らの思考をさらに広げ深めることができる。愚人の特徴が傲慢さであり、賢人の特徴が謙虚さであるゆえんである。

この本でも教師は様々に考える。自らの言語使用を見つめ直し、自分の思考の癖に気づく。書物や他人の言葉に素直に従い、新たな思考を身につける。そうして自らに新たな可能性を与える。思考は人間を変える。思考している時、人間は動かない。だがその動かない時こそが、未来の飛躍的な動きをもたらすのだ。この本で、教師の思考について考えていただければと思う。

5. 日常生活が成長の機会

こうして観察し、分析し、思考することで教師は現実打開の可能性を得る。マニュアルがない状況でも対応できるようになる。新しい展開も、特段誰かに教えられずとも、自ら生み出せるようになる。観察力・分析力・思考力こそが教師、いや実践者にとって重要なのだ。教師・実践者とは、上司の指示やマニュアルに小手先だけで従う人間ではない。

観察・分析・思考は、いつでもどこでもできる。ならば、教師の成長とは、大学・大学院や教員研修の場だけに限らないことが明らかになる。むろんそういった場は専門的・集中的に教えを受けることができる効率的な機会である。こういった集中的な学びの機会を教師は自らの権利として主張する必要もある。だが現在の教師の現実は、それらの場が想定するよりはるかに多様で複雑で流動的なのだった。教師は自ら観察力・分析力・思考力を育まなければならない。

自ら育むには、日常生活を自己教育の場にするに限る。日常生活のすべて

を学びの場にするのだ。件の指導的教師は「テレビを見ていても、買い物をしていても、いつでも考えています」と言う。思考のエンジンがいつもブーンと唸っているから、日常生活の思わぬ場面で、驚くようなものが見つかる。観察力が働くのだ。さらに「これはあれに関係している」と分析力を働かせる。そして「ということは…」と思考力を働かせる。

　学びの場を大学・大学院や教員研修の場だけに限っては、自らの可能性を摘んでしまう。あるいは学びは専門書を読むことと固定的に考えてもいけない。そのように狭い考えしかもたないと、教師として学べるのは大学院留学や研修会出張の時だけになる。あるいは疲れきった深夜にわずかに本を開く30分だけになる。単純に考えてそれだけの短い時間で大きく学べるわけはないではないか。日常生活を活かさない手はない。

　突飛な例のようで恐縮だが、麻雀の「裏プロ」という過酷な世界で20年間無敗だった桜井章一氏は「日常生活をそのままにしておいて、麻雀だけうまくなろうなど甘すぎる」とあっさりと語る。日常生活で感性を働かせていないで、麻雀の時だけ感性が働くわけはないというわけだ。あるいは、合気道の達人、塩田剛三氏は「歩く姿が武」という。実際、彼はただ単に歩きながら、向かってくる大男を吹っ飛ばす技ももつが、彼の言葉の真意は、常日頃の立ち居振る舞いにおいて合気道の術理を実現できていないで、道場の中だけで技が効くことはないということと解釈すべきだろう。その気になれば、日常生活のすべてが学びになりうる。いやそうしてこそ、人は忙しい中でも学べる。そうした学びは、凡庸な研究者・教育行政者の建前的な言葉を吹き飛ばすぐらいの現実的な力をもつ。実際、この本の教師はそうして学んでいる。

　何気ない日常に学んでいる教師のすごさをこの本から学んでほしい。

注
1　山田ズーニー「おとなの小論文教室」(http://www.1101.com/essay/2010-11-17.

html)
2 石井淳蔵 (2010)「ニッポンの教育の副作用 しゃべらない、考えない」『プレジデント』2010年10月18日号、プレジデント社。
3 研修会で主体的に学ぶことについては、吉田達弘他 (2009)『リフレクティブな英語教育をめざして』(ひつじ書房) の中の拙稿「自主セミナーを通じての成長」をお読みください。
4 ユルゲン・ハーバマス (1968/2000)『イデオロギーとしての技術と科学』平凡社ライブラリー。
5 ベイトソンは「情報」を「差異を生み出す差異」と定義したが、この定義に従えば、観察力とは情報収集力 (=「差異を生み出す差異」を見出す力) である。だがこの情報収集力とは、山のように情報ばかり集めて途方にくれてしまうことではない。大切なこと・本質的なことだけを見抜くことがここで言う情報収集力であり、観察力である。ウェブなどで表面的には情報が爆発的に増えてかえって戸惑っている人が多い現在、この本質的な観察力はより重要になっている。

第2部
ようこそ授業の現実へ

　第2部では小中高それぞれの校種での英語教育のありさまを学びます。最初は自分の関心のある校種の文章から読んでくださっても結構ですが、ぜひ自分の担当以外の校種の文章も読んでみてください。

　教育とは、長い期間をかけて人間を成熟させる営みです。短期間での結果ばかりが求められる昨今、ともすれば教師は自分の学校での結果を出すことばかりに躍起になり（あるいはならされ）、学習者のその後の姿に積極的な関心を寄せる余裕を失います。また学習者の以前の姿を知ろうとせず、叱責・落胆ばかりしてしまいます。そうなると各学校の先生は目先のことばかりに躍起になり、それに応じて学習者もそれなりにその時々の短期的な結果は出すけれど、校種をまたいだ長期にわたってにおいては、学びの上でも人間的にも成熟せず、後々「学校ほどつまらないところはなかった」と回顧することになりかねません。そうならないためには1人ひとりの教師が、自分は学校教育全体（ひいては社会全体）の中でどんな役割を果たしているのか、自分はどんなバトンをもらい、どんなバトンを渡さなければならないのか、を理解しなければなりません。第2部の教師の語りを通じて学校英語教育の全体像に近づくことを試みてみませんか。

　また案外他の校種から多くを学べるものです。たまに、どんな英語の授業を見ても「自分の学級・学校の状況と違いますから」「そもそも校種からして違いますから」と学ぶことを拒絶し、他の教科の授業などには見向きもしない先生がいらっしゃいます。そんな先生で授業がうまい方に私は出会ったことはありません。逆に、学習者に後々でも慕われる授業のうまい先生は、校種・教科を越えて広く謙虚に学ばれています。どうぞこの第2部からも学んでください。

（柳瀬陽介）

第1章　小学校英語教育の産みの苦しみ

　小学校英語教育について教育界ではまさに「出発進行！」状態で、どんどんとハウツー物が出版されています。もちろん目の前の児童には自信をもって授業をしなければなりません。ですが教育は長期的にも考えなければなりません。学習指導要領は永遠の真理ではありません。どの時代の教育政策もそれなりの歪を抱え、後年それは修正されるに至ります。これが健全さです。現時点での教育政策を絶対のものとして扱い、批判・異論・逸脱を少しも許さないという「正しさ」は、後年の災いとなります。ですから私たちは、教室・学校空間ではその日その日の授業を明確に遂行しながらも、教室・学校空間から一歩（あるいは半歩）離れた市民的公共圏では学校教育のあり方を問い直さなければなりません。その矛盾を厭わないのが実践家というものでしょう。

　この第2部第1章は小学校英語教育の産みの苦しみを正直に伝えています。宇江裕明先生は、「外国語活動」には他の教科にはない特有の大きな不安感がある、それは全国民が小学校から英語を学ぶ上での「よりどころ」が見えないからだと述べます。学習指導要領がいくら何を言おうが、教師自身の身心に教育の「よりどころ」がなければ授業はぶれてしまいます。さあ宇江先生はどのようにその「よりどころ」を見出そうとしているのでしょうか。

　横溝紳一郎先生は、「地域人材」という立場から小学校英語教育に関与しています。地域市民として地域の小学校と中学校の教育がうまく連結することを願う中で何が見えてきたのでしょうか。

　2人の文章は、現場の矛盾の中であるべき教育の形を模索する当事者の姿を伝えます。これは中学校・高校の現場にも通じる問題です。教育の当事者として様々な矛盾を抱えながら教育を紡いでゆく2人の模索から実践家のあり方を学んでください。

　　　　　　　　　　　　　　　　　　　　　　　　　　　　（柳瀬陽介）

⦁ 言語教育としての英語教育

広島県尾道市立吉和小学校　宇江裕明

1. 私の経歴
　私は、昭和40年広島県尾道市で生まれ、現在も尾道市の小学校に勤務している。高校時代に小学校の教師をめざすようになり、教員免許の取得を目的として大学を選び、受験をした。しかし、第1希望の小学校教員養成課程には落ちてしまい、第2希望の欄に書いていた中学校教員養成課程英語専攻科へ進むことになった。それから4年間中学校課程で勉強しながら、小学校教員免許に必要な単位も取り、4年間で中学校英語科と小学校の教員免許を取得して卒業した。教員1年目から、国語科のローマ字の指導や、音楽科の歌唱指導などで、英語の歌や単語、短い会話などを紹介しながら、英語指導に取り組んできた。当時私の取組はずいぶん奇抜に見られていたが、小学校英語活動の時代がすぐにやってくることとなった。

2. 英語活動の時代
　平成14年4月から「総合的な学習の時間」の新設により、国際理解教育の範囲内で、小学校における英語教育は全国で実施が可能となった。前年には「小学校英語活動実践の手引き」が公表され、英語活動の授業公開はどこも大盛況であったと記憶している。全国各地で研究会が開かれ、学習サークルが立ち上がり、自作教材がどんどんそろえられた。出版社からも、教授法を紹介した書籍や、カードなどの付録の付いた月刊誌が、数多く発行された。さらに、インターネットから教材のダウンロードも頻繁に行われるようになり、わずか10年で小学校における英語指導のインフラは、教科書を除けば全て完了したと思われる。

3. 外国語活動への移行期

　平成 20 年に、新学習指導要領が告示された。外国語活動は独立した 1 つの領域として目標が示され、『英語ノート（試作版）』が発表された。
　文部科学省は新設の外国語活動の目標を次のように定めている。

　　外国語を通じて、言語や文化について体験的に理解を深め、積極的にコミュニケーションを図ろうとする態度の育成を図り、外国語の音声や基本的な表現に慣れ親しませながら、コミュニケーション能力の素地を養う。

　この内容をうけ、平成 20 年度と 21 年度の 2 ヶ年で、外国語活動推進教員研修が実施された。研修では、学習指導要領の理念の理解、英語ノートの活用の仕方、Assistant Language Teacher（以降 ALT）とのティームティーチングの在り方の演習があり、模擬授業も行った。担当者が受けた研修は、各校で年間 15 時間程度の校内研修を実施し、還元することが義務づけられた。平成 21 年度 4 月から平成 22 年度 3 月までの 2 年間は、新学習指導要領の移行措置期間である。英語活動が導入されたときも同じであったが、現場教師の反応は速い。すでに多くの学校で、外国語活動必修化のシミュレーションが始まっている。
　条件はそろった。しかし、日々外国語活動の授業を行い、市内や校内で研修を進める立場から見て、現場で指導する先生方には、外国語活動の実施に漠然とした不安があるようである。細かく言えば「英語ノートの効果的な活用の仕方が分からない」「英語を教えるための具体的な指導法に自信がない」「自分は英語が大嫌いだった」などだが、このような細部における苦手意識はどの教科でもあり得る。これはあくまでも個人の意見であるが、外国語活動の実施については、細部の苦手意識の背後に、他の教科にはない、外国語活動に特有の大きな不安感があるような気がする。それは、他の教科等に比べて、指導の歴史が浅く、全国民が小学校から英語を学ぶ上での「よりどこ

ろ」が見えないことが原因ではないだろうか。

4. 小学校英語教育の産みの苦しみ

　小学校から英語を学ぶ上での「よりどころ」を見えにくくしている原因を3点挙げてみる。

　①「外国語活動」では、「英語」を取り扱うこと
　　世界にはいくつもの言語があり、日本語を国語とすれば、その他は全て「外国語」となる。その中でなぜ「英語」に限定されるのかだろうか。小学校学習指導要領外国語活動編には、「外国語活動においては、英語を取り扱うことを原則とすること」と明記されている。一応これが「よりどころ」となるわけだが、なぜ英語なのだろうか。そして、原則以外の運用もあり得るのだろうか。
　②「外国語活動」では、スキルの評価をしないこと
　　小学校外国語活動研修ガイドブック（文部科学省、2008）には外国語活動の評価の仕方として、「表現の定着やスキルの評価にならないようにすること」や、「数値による評価は行わないものとし、児童の状況などが把握できるような文章表記とする」ことなどが示されている。中学校における英語科指導の前倒しにならないようにするための配慮で、評価する上での「よりどころ」として理解できる。しかし、具体的にどのように文章表記をすることが、適切なのだろうか。「習った英語の表現を流暢に話すことができた」と文章に書いて評価することはよいことなのだろうか。
　③「外国語活動」では、『英語ノート』の活用が考えられること
　　外国語活動の実施に伴い、『英語ノート』が作成された。今まで英語活動が盛んでなかった学校にとっては、教材準備の時間が一気に軽減される。逆に盛んであった学校にしてみれば、学校行事に関連させ、自由度が高かった英語活動が画一的なものになってしまう。この懸念に対し

て、文部科学省は『英語ノート』の使用を義務づけてはいない。また教材の配列も自由に組み替えてよいことになっている。多くの人が開発に携わり、時間と労力を費やした『英語ノート』は、「使っても使わなくてもよい」という存在でよいのだろうか。追い打ちをかけるように、事業仕分けの対象ともなった。果たして『英語ノート』は、計画的な指導の「よりどころ」となるのだろうか。

5. 私が考える「よりどころ」─言語教育としての英語教育

　様々な意見があり、社会が大きく変動する中、平成23年4月には全国で「外国語活動」が始まった。そこで私は「外国語活動」の「よりどころ」として「言語教育としての英語教育」を提唱したい。現在義務教育の期間内で最も多くの時間をかけて学習しているのは、「国語科」である。「国語科」と「外国語活動」における「英語」の指導を関連づけて考え、広く「言語教育」として捉え直してみる。

　小学校学習指導要領外国語編では「日本語とは異なる外国語の音声や基本的な表現に慣れ親しませることで、ことばの大切さや豊かさに気づかせ、言語に対する関心を高め、これを尊重する態度を身に付けさせることにつながるものであることから、国語力向上にも相乗的に資するように教育内容を組み立てることが求められる」と示されている。この点にぜひ注目して頂きたい。そもそも外国語の特徴を理解するためには、比較の基準となる日本語の音声や、文字、文章の構造を身につけておくことが必要である。また、外国語を学んで気づいたことや感じたことを表現するときにも、日本語で表現しなければならない。そこで「日本語」を基にして「英語」を使いながら、「国語」と「外国語」の違いや共通性に関心を持ち、様々な「言語」の特性に気づこうとする態度を育てることを「よりどころ」にしてみてはどうだろうか。

　日本語と英語を関連づけた学習理論については、すでに先行研究がある。山田（2006）は言語能力を、基底能力（言語的に処理され蓄積された知識と経

験の総体)と出入力チャンネル、外部言語形式の合わさったものとして、図1のように仮定した。

その上で、バイリンガルの基底能力は2つの言語の出入力チャンネルの深層にあり、第二言語学習によって変質した共通基底能力であるとして

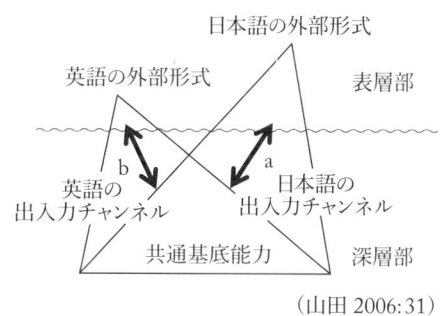

(山田 2006:31)
図1　言語能力のモデル

いる。今までの英語学習では、英語と日本語の間の置き換え(暗記中心)を基本にした結果、英語の出入力チャンネルの成長が不十分になってしまった。そこで、基底能力の強化を国語教育と連動して行い「英語と日本語の往来を通して基底能力を変化させる」(p.168)ことが、これからの英語教育には必要であると主張している。

さらに、山田が提唱する英語と日本語の往来の重要性について大津・窪薗(2008)は、外国語の体系が母語とどう違っているかを見極めることが重要であるとしている。「母語によるきっかけづくりによって育成されたことばへの気づきは、今度はそれを使って、外国語の学習を容易に

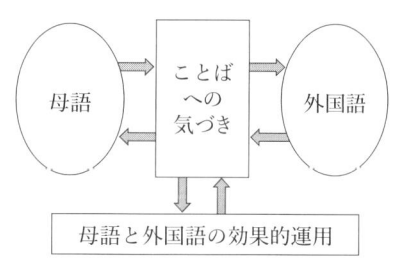

(大津・窪薗 2008:31)
図2　ことばへの気づきと言語教育

します」(p.30)として、指導者が意図的に学習者に対して気づきのきっかけを作ることの重要性を説いている。

私は、2人の学習理論を基に表1のような学習単元開発をし、平成20年10月27日から11月20日までの期間に、研究授業を行った。4時間をひとまとまりとした3つの題材、全12時間で構成され、言語の共通性や相違点に気づかせながら、外国語学習の素地を養うものである。

第1章　小学校英語教育の産みの苦しみ

表1　ことばへの気づきを育む学習単元指導内容

単元	タイトル	題材のまとめ方	『英語ノート』
1	英語への窓口 「外来語」 4時間	日本語と英語の発音の違いについてまとめる。 ・母音の役割　・子音の役割	5年 p.36
2	英語も日本語も似ているね 「職業を表すことば」 4時間	職業を表すことばの成り立ちから、日本語と英語の共通点を考える。	6年 p.56
3	ことばの順番 「日本語と英語のルール」 4時間	語順が違うことで、伝わり方にどのような変化が起きているかを考える。	5年 p.50

　題材1「英語への窓口「外来語」」では、「ホワイト」「ポテト」「プレゼント」「エアコン」などのことばを取り上げ、ALTにカタカナで問いかけるクイズ大会をさせながら、"ho－wa－i－to"と"white"の音の長さの違いを実感させた。児童は、英語にも日本語にも「母音」と「子音」があるが配列に違いがあり、その結果ことばが聞こえるスピードや長さに違いが出ることに気づいた。この経験は、今後文字指導が始まったときに、英語の語彙を増やす一助となり、他の言語を学習するときは、その言語特有の音を出す上で表現力を高めることにも役立つと考えられる。

　題材2「英語も日本語も似ているね「職業を表すことば」」では、日本語の「漁師・薬剤師／栄養士・税理士」などのことばと、英語の"Teacher、farmer／artist、pianist"などのことばを比較させた。児童は、人物を表す接尾語が付くことで、職業を表すことばになることに気づいた。そして、英語と日本語は全く違うものではなく、ことばの成り立ちということに関しては同じようなところがあることを実感した。この経験は、今後の言語学習において、相違点ばかりに着目するのではなく、共通点を見つけ出そうとする姿勢につながるものと考えられる。

　題材3「ことばの順番「日本語と英語のルール」」では、「私は、国語を、勉強します」／「私は、勉強します。国語を、」の言い方を比べさせ、英語

では後者のような語順になることを学習した。児童は、日本語では「何」を勉強するかを早く伝える語順となっているが、英語では勉強するという「行動」を早く伝える語順になっていることに気づいた。この経験は、伝えたい内容をどのような順番で配列するかに着目しながら、その言語を使う人々の考え方や感性を理解することに役立つと考えられる。

　文化の違いの1つとしてこのような学習に取り組ませながら、「違いや共通点に気づくことが、ことば(言語)の学習の大切な一歩だね」と指導した。成果としては、次の3点が上げられる。

①日本語と英語を使って言語の構造を教師が指導し、理解を促すことで、児童は言語の相違点や共通点に気づくことができた。
②日本語と英語の比較を通して、児童にことばを学ぶ上での意欲や学び方、態度を身につけさせることができた。
③日本語と英語の比較をしながら、ことばの構造や特徴を話し合うことで、自分の考えを伝えようとする意欲が高まり、活発な話し合いの場を設定することができた。

また課題としては、次の3点が上げられる。

①児童の学習の評価を教師の見取りで行う場合、さらに客観性を高めていく必要がある。
②ことばを理解したり運用したりする上で、児童の個人差に配慮し、理解度に応じた支援の在り方を開発する必要がある。
③英語以外の外国語についてどのように扱うか今後研究の余地がある。日本語と英語の比較が次の外国語学習へどのような影響を及ぼすか、時間をかけて追究していきたい。

6. 小学校英語教育の産みの喜び

　本単元の開発は、平成20年度広島県エキスパート研修において、広島大学の柳瀬陽介先生の指導の基に行ったものである。紙面の関係で詳細に報告できないことをお許し願いたい。また、「これではあまりにも外国語活動の指導からはずれてしまうのではないか」とのご指摘も容易に想像される。しかし、外国語活動の「よりどころ」を「言語教育としての英語教育」と想定して取り組んだ自分の実践に、私は心から満足し現在も改善を試みている。公立学校の教師は、教育公務員として法令を遵守しなければならない。学習指導要領に示された範囲の中で熟考を重ね、自分ならではの学習単元を産み出すことは、教師にとってかけがえのない喜びである。小さく産んで、大きく育てようと、私は今日も授業に向かっている。

参考文献
大津由紀雄・窪薗晴夫(2008)『ことばの力を育む』慶應義塾大学出版会
菅正隆(2008)「「英語ノート」を使った「外国語活動」の授業」『英語教育』2008年9月号　大修館書店
松川禮子・大城賢(2008)『小学校外国語活動実践マニュアル』旺文社
森山卓郎(2009)『国語からはじめる外国語活動』慶應義塾大学出版会
文部科学省(2008)『小学校外国語活動研修ガイドブック』旺文社
柳瀬陽介(2009)「英語教育界―枠組みの中の小変化か、枠組み自体の大変化なのか―」
　　『英語教育』2009年1月号　大修館書店
山田雄一郎(2006)『英語力とは何か(広島修道大学学術選書)』　大修館書店

⊡ 地域で創り上げる小学校英語教育

佐賀大学　横溝紳一郎

1. そもそものはじまり
　「小中連携の英語教育のコーディネーターをしてください！」

(平成19年2月)

　在住地域の小学校と中学校の校長先生からの、突然のお願いだった。「この土地で、地域の方々との触れ合いを大切にしながら、子どもとともに成長していきたい」という強い思いで引っ越してきた筆者にとっては、とても嬉しい話だった。そこで、「はい。やらせていただきます」と即答をした。もともと高校・短大の英語教師であり、国内外で日本語教師としてカリキュラム作成やコースのコーディネートを行った経験もかなりあったので、「まあ、なんとかできるだろう」という、ちょっと軽い気持ちでオッケーをした。これが、私と小学校英語教育との関わりのスタートだった。

2. 手探りで進めたカリキュラム作りと授業
　軽い気持ちで始めてすぐに気付いたこと、それは「自分には小学校英語教育についての知識・経験がない」ことだった。コーディネーターとして、そんな状態では何も始められない。そこで、(1)英語教育関係者に質問する、(2)関連する本や論文を読む、という方法で情報収集を行った。得られた情報をもとに、小学校教員と中学校教員との合同ミーティングに数回臨み、平成19年度のカリキュラムを共同で作成した。初めてのミーティングでは、小学校教員から、こんな発言が出てきた。

第1章　小学校英語教育の産みの苦しみ

「私たちは小中連携であっても、小中一貫ではありません」
「小学校は、中学校の下請けではありません」

　この発言を聞いた時、正直「これで話し合いはうまくいくのだろうか」という戸惑いを覚えたのであるが、それまでの自分自身の職務上の体験から「外国語教育での下のレベルと上のレベルとのスムーズなつながり(articulation)は、双方の要求のせめぎ合いの結果、できあがっていくもの」という考えを持っていたので、小中お互いが望むことを仲介者として整理しながら話を少しずつ進めていき、約2ヵ月をかけて、平成19年度のカリキュラムが出来上がった。その内容は、5・6年生(各3クラス)を対象に各学年20コマの授業を行い、1名ずつアシスタントを配置する形態で授業を行う、というものだった(アシスタントは、中学校英語教員＋筆者の配偶者＋筆者)。それから3年、「何を使って教えるか」という、いわゆる教材の選択・変更を毎年繰り返し、平成22年度は、「23年度からの外国語活動必修化の完全実施に備えて、新たな学習指導要領の目標や内容を踏まえたカリキュラムを作成したい」という要望が小学校側から出され、話し合いの結果、『英語ノート』のみを主教材として年間35コマの授業を構成することとなった。アシスタント3名は、15コマほどの授業をお手伝いすることになった。
　以上が、小学校英語教育についての筆者の手探りの概要である。「いきなり英語を教えろと言われたら、小学校の先生方は混乱するだろうな。それによって、子どもたちも困るだろうな。そんなことを最小限にするために地域のオイシャン(在住地域では、オジサンを親愛の情をこめてこう呼ぶ)として、できる限りのボランティア活動をしよう！」という思いを持って始めた手探りであるが、全く無の状態から始めて3年、小学校の担任教員が主となって授業を行うシステムができあがりつつある今日を考えると、1つの役割を終えたような気がする。そこで、以下は3年間を振り返って、地域のオイシャンの視線で、いくつか思うことを記していくこととする。

3. 地域住民の声1 ——何をどこまで教えたらいいかが分からない

恥ずかしい話だが、小中連携の英語教育に関わるまでは、筆者は「学習指導要領」なるものが学校教育の中でどのような位置を占めているのか、よく分かっていなかった。しかも実際に授業に入ってみると、一緒に授業を行う先生から、色んなリクエストが出されてくる。

> 「『英語ノート』の『指導資料（文部科学省）』の〇〇ページのこの部分の担当をお願いします」
> 「子どもたちが楽しめることだったら、何でもいいのでやってください」
> 「アルファベットを体で覚えるダンスをやってください」 等々

こんな具合に、「アシスタントとして求められること」が異なってくるのである。学習指導要領からの「逸脱度」は小学校教員によってどうも異なっているようだし、英語そのものについての苦手意識の差もあるようなので、色んなリクエストが出てくることは、仕方のないことだと思う。アシスタントとしては、各担任教員の思いを実現するために、事前に、そして授業直前に、「この授業では、具体的に何を行うのか」について、しっかりと話し合う時間があるとありがたい。それなしでアドリブで教室に入っていっても、授業の効果的なサポートを行うことは、地域住民にとってはハードルが高いと思う。

4. 地域住民の声2 ——どのぐらい英語の発話を児童に求めていいのか分からない

5・6年生で合計70コマのみの英語活動を行うという、いわゆるフツーの学校の場合、「子どもたちから、英語が口をついて出てくる」状態を生み出すことは、果たしてどの程度可能なのだろうか。週1回程度のペースでしか授業がないのであれば、前回行ったことを忘れてしまうのは当たり前のことのようにも思える。『英語ノート』の『指導資料（文部科学省）』や『指導ハ

ンドブック(開隆堂)』に従って、各レッスンの最後の4コマ目で「英語を使って、子ども同士でやり取りを行う」活動を行ってみても、英会話教室に通っている児童をのぞいては本当に難しそうである。そんな活動のお手伝いをしていると、「この時間は果たして子どもたちのためになっているのか」という疑問が生じる。そんなことを考えていたある日、あるアメリカ人のALTが、5・6年生の英語活動に入って、自己紹介をしている授業を観察する機会を得た。ALTが自分の家族のことを英語だけで話し、子どもたちが日本語で反応する、という面白い場面であった。(このALTは日本語が分かるので、子どもたちの反応に、Yes, Noで反応していた)。

ALT:(写真を見せながら)My older sister…
児童A: おかあさん？
ALT: NO, no. Not my mother.(右手を上にあげながら)My older sister.
児童B: おねえちゃん？
ALT: Yes, yes. My older sister goes to a graduate school.
児童全員:(分からないという顔を見せる)
ALT:(そのことに気付いて)You are elementary students. Elementary. Here, elementary.(中学校の方を指さして)There, junior high school.
児童C: 中学校。
ALT: Yes, yes. So,(指で下を指しながら)here, elementary.
児童の多く: 小学校！
ALT: There, junior high school.
児童の多く: 中学校！
ALT: Yes, yes.(右手を一番下に持って行って、少しずつ上げながら発話を続ける)Elementary.
児童の多く: 小学校！
ALT:(ちょっと右手を上にあげて)Junior high school.
児童の多く: 中学校！

ALT:（さらにちょっと右手を上にあげて）High school.

児童の多く：高校！

ALT:（もっと右手を上にあげて）College.

児童の多く：大学！

ALT:（一番上に右手をあげて）Graduate school.

何人かの児童：社会人！

ALT:（笑って）NO, no. Another school.

児童D：学校？　大学の上の学校？

ALT: Yes. Graduate school.

児童E：大学院！

ALT: YES!

児童F:（生徒Eに対して）何で知ってるの？

児童E：だって、ウチの兄ちゃん、大学院、通ってるもん。

　このシーンを見て、「全部聴きとれなくても、相手の言っていることをなんとか理解しよう」という子どもたちの前向きな態度がすごいなあと感じた。巷ではよく、「ALTは日本語が分からない方がいい。分かっても分からないふりをするべきだ。日本語が分かると、児童が英語を話そうとしなくなる」と言われるのであるが、海外での日本語教師としての個人的体験からも、そんな心配はあまりいらないように思う。また、街場では、会話の当事者が互いに得意なことばを臨機応変に使い分け、コミュニケーションが成立している場面がよく観察される。児童の「積極的にコミュニケーションを図ろうとする態度」がALTの日本語力によって育成されるのであれば、それはそれでいいのではないかと思う。

　「英語のできる地域の人材」には、「英語をたくさん使ってください」というリクエストが出されることが多い。上掲のシーンのように「子どもの理解を最優先し、子どもが英語を話すところまでは求めない」のか、「子どもかとにかく英語を積極的にたくさん話すように導く」のかによって、英語を話

し続けるアシスタントの役割は大きく変わってくる。どちらを望んでいるのか、または他のことを望んでいるのかについての情報が、担任教員からできるだけ早めにいただければ、誠にありがたいと思う。

5．地域住民の声3─地域の人間が関わっていくために必要なこと

　筆者の場合は、(1)地域の「オヤジの会」の役員として、既に小中の先生方のことをよく知っていた、(2)たまたま小学校の英語活動に役立つような特殊技術(？)を持っていた、などの理由で、コーディネーターやアシスタントの役割が回ってきたのであるが、今後、小学校での英語活動が本格始動すれば、「どうやって地域の人材を見出すのか」という問題に直面する小学校が増えるであろう。地域住民の方から「私は英語ができますので、私を使ってください」という人材がどんどん出てくればよいのであるが、なかなかそれは期待できそうもない気がする。となると、学校側からの「こういう人求む！」というアピールが必要になるのであろう。しかしながら、そういうアピールに対する躊躇も学校側には存在しているようである。「変な人が申し込んできたときに、問題なく断れるだろうか」や「手伝ってもらえるのはありがたいけど、変な人が入って、ずっと抜けてもらえなくて、授業がかき回される、という事態は何としても避けたい」という懸念が、その原因かもしれない。その懸念を払拭する一番の方法は、当たり前のようではあるが、地域の人間と教師が学校行事や懇親会などで相互理解を深め、お互いのつながりを確固たるものにしておくことが重要である。それを踏まえての「依頼し／依頼され」の関係であれば、話し合いや打ち合わせもスムーズに進み、魅力的な授業の共同作製が可能になると思う。「『変な人でない』というお墨つき」を学校からもらった地域住民の人材バンク登録制度ができるのであれば、「地域をあげて学校を応援する」という図式も確立するであろう。

6．地域住民の声4─産みの苦しみを共有し、夢を実現しよう

　上掲の地域住民の「声」、すなわち「何をどこまで教えたらいいかが分か

らない(→だから事前に教えて)」や「どのぐらい英語の発話を児童に求めていいのか分からない(→これも事前に情報をください)」や「地域の人間が関わっていくためには相互理解が必要」という声は、地域住民が小学校英語活動のお手伝いにかかわっていく際に、乗り越えないといけないハードルのようなものであり、それを乗り越えるプロセスは「産みの苦しみ」に例えることができるであろう。この「産みの苦しみ」プロセスでは、それに関わるものたちが当事者意識を持って、子どもたちのより良い将来を願いながら、右往左往する、試行錯誤することが求められていると思う。先生方とそんな苦しみを共有したいと思って始めたボランティアなので、ひと段落ついたとはいえ、筆者と小学校英語活動とのかかわりはまだまだしばらく続くことになるであろう。その中でまた、うまくいかないことに出会い、その対処をめぐって色々と思い悩む。そういった事態の発生は、今後も予想される。しかし、その先に「夢」があると、そしてそれを他の人々と共有できると、人は頑張れるものである。筆者の場合は、子どもたちの笑顔をたくさん創り出すことが「夢」であり、その頑張りの原動力になっているのが、黄色い腕章をして街を歩いて、子どもたち・小中の先生方・地域の方々と笑顔で挨拶をしあう、そんな些細なことである。今後も地域のオイシャンとして、先生方のお手伝いをしながら、子どもたちの笑顔をたくさん創り出せたらと願っている。

第2章　変化めまぐるしい中学生を教える

　「英語を教えること」以前に、「中学生を教えること」には独特の難しさがあります。特に公立中学校の場合、様々な熟達度やモチベーションを抱えた生徒たちを一斉に指導することになるので、一筋縄ではいきません。中学生を指導する上では、教科指導のテクニックだけでなく、生徒指導という大きな視点が重要になってきます。

　しかし、そんな難しい時期だからこそ、教室で言葉を学ぶことに大きな意味があります。言葉を習得する苦労と喜びを味わい、言葉を通して自分を表現し、仲間や世界を知る。これこそが英語授業の醍醐味でしょう。第2章では、そんなめまぐるしく成長する中学生の発達段階を考慮して、それぞれの学年ごとにどんな風に生徒と向き合えばいいのか、3人の中学校教師に率直に語ってもらいました。

　道面和枝先生は「1年生とどう出会う？」ということで、小学校での外国語活動とのなめらかな接続について、文字や発音の指導例をあげながら具体的に紹介しています。中学校の英語教師にこれまで以上に高い専門性が求められている、と感じさせます。

　上山晋平先生は一番難しいと言われる「2年生とどうつきあう？」をテーマに、教師自身の日記を通して、生徒の変容を教師がどうキャッチして、それをどう指導に活かしていくかのプロセスを公開しています。教師自身の成長過程も垣間見ることができます。

　「3年生をどう育てる？」の大野理智子先生は、ディベートとスピーチの実践例を通して、中学校3年間の最後までにどんな力をつけさせたいかを示しています。生徒の声から、「学級」という学習集団づくりの大切さが伝わってきます。

　3つの記事を読んでいると、それぞれの学年でねらいや配慮を持って指導していることが、実は1つの線でつながっていてことに気づきます。そんな「つながり」を意識しながら読んでいただけると、新たな発見がたくさんあると思います。

（奥住桂）

⊡ １年生とどう出会う？

広島県廿日市市立大野東中学校　道面和枝

はじめに

　植物を育てることに例えると、中学生に英語を教える教師の役割は、小学校で育てられたコミュニケーション能力の素地の上に種をまき、十分な水や栄養を与え、日当たりに気を配りながら、幹を太らせ葉を大きく茂らせる手伝いをするイメージである。上級学校に送り出し、１人ひとりのコミュニケーションの花を大きく開かせるためには、まず英語学習の基礎固めが必要である。

　公立中学校で30年近く、時代の変化とともに新たな１年生との出会いに悩みながら授業実践を重ねてきた立場から、１年生の現実を明らかにした上で、英語学習のスタートにあたるこの時期にしっかりと基礎を固めるために、授業で大切にしたい点や効果的な指導方法について述べたい。

1．１年生は「期待と不安」の時代

　まず中学１年生の現実を見てみよう。小学校で外国語活動を経験し、すでに英語に出会っている彼らは、ゲームや英語で自分の思いを伝えあう体験を通して、ある程度「英語が使える、通じる」自信を持っている。また、入学直後のアンケートでは、中学校では「英語がしゃべれるようになりたい、すらすら書けるようになりたい」と期待を寄せる。しかし一方では、さまざまなデータが示す通り、すでに英語への苦手意識を持って入学する生徒もいる。

　そのような彼らを待ち受けるのは、「ゲーム」から「勉強」に姿を変えた英語の授業と「文字」の壁である。英語科における「中１ギャップ」は、

英語の学習形態の変化と、「文字」を読み書きすることの困難から生じる。その結果、入学して1ヵ月もたたないうちに、単語が読めない、覚えられない、教科書が読めないという不安を抱える生徒が少なくない。

このように、英語学習への期待と不安をあわせ持つ1年生の不安を解消し、将来への展望を持たせる1年生担当教師の役割は何であろうか？　1つは、「小中接続」をなめらかに行うことであり、もう1つは3年後のゴールを決め、「ゴール達成に向けた英語学習の基礎」を固めることであろう。以下、この2点について留意したいことや大切なことを述べたい。

2. なめらかな「小中接続」のために
2.1　英語を「使う」授業をしよう

小学校でたくさんの英語に触れ、英語をコミュニケーションの手段として使ってきた生徒たちが、中学校に入ったとたんに日本語ばかり聞かされるのでは、せっかくのコミュニケーション能力の素地が生かせない。文法説明は必要であるが、その文法事項が必要な実際の場面を作り出し、英語でのコミュニケーションを行う中で指導したい。あたりまえのようであるが、教師と生徒が英語をたくさん使い、「英語は楽しい、頑張ってみよう！」と英語学習への意欲を持たせる授業を行うことが、「小中接続」の第一歩である。

2.2　小学校外国語活動の成果を生かす

近頃の1年生は、入学後1時間目の授業からある程度の英語のあいさつをし、曜日や天気をたずねるとすらすらと答え、英語の指示にもきちんと応じる。教師の英語を聞いて理解しようとする。これらは小学校の学習の成果である。外国語活動の授業を受けてきた彼らを、まずは敬意を持って迎えよう。

小中のなめらかな接続を行うカギは、外国語活動の成果を「中学校でも引き継ぎ、積み重ねていく」という視点を持つことだ。「小中連携」の目的はそこにある。小学校の外国語活動の授業を参観するときには、まず「引き

継ぎ」の視点を持ち、授業内容はもとより、担任の先生はどのような学習規律(授業の約束)を提示し、ALT はどのような指示の英語を使っているのか、生徒はどのような活動に興味を示すのかをじっくり観察しよう。"Loud voice"、"Eye contact"、"Listen" などの授業の約束や、ALT の使う指示の英語などを、中学校でもそのまま引き継いでいくと生徒の負担は下がる。中学校ではそれらに新たな学習規律や学習内容を足していけばよい。そのためにも、小学校の担任の先生や ALT の先生とは、年間指導計画等の大枠のみならず、学習内容や学習規律など中身の引継ぎをしっかり行っておこう。語彙、表現、ゲーム、チャンツや歌、絵や色のついた分かりやすいワークシートやごほうびシールなど意欲づけの工夫など、受け継ぎ発展させる成果はたくさんある。

2.3 小学校外国語活動の課題を把握する

　小学校の外国語活動の成果を生かす一方で、課題を把握して対応することも大切な視点である。最近の１年生から感じる課題は、単語や文の「正確さ」についてである。彼らは、確かにリピートはうまいが、発音があやふやなまま定着してしまっていることがあり、正しい英文に直すことが難しいことがある。例えば、I'm の "m" で口をきちんと閉じないため、話したり書いたりする際に be 動詞 "am" が抜けて "I from Japan." のようになってしまう生徒がいる。あるいは、全員でリピートさせると正しく言えているように聞こえても、１人ひとりができているとは限らない。小学校での外国語活動が「スキル」を目的としているわけではないので無理もないが、その現実を踏まえて、時間はかかっても、一斉リピートのあと１人ひとり言わせてみて正しく言えているか確認するなど、正確さにこだわった丁寧な指導が必要である。

2.4 「文字」指導を工夫し、時間を十分にとる

　小学校では、「文字」はあくまで「音声によるコミュニケーションを補助するもの」として用いられている(平成 20 年「小学校外国語活動学習指導

要領」)。そのため、「文字」は中学1年生にとって前述のとおり巨大な壁である。しかも、文字を「読むこと」と「書くこと」は別ものであり、読めるからといって書けるとは限らない。文字学習は時間と努力を要する大変な作業である。しかしながら、小学校の時、長い文になると聞いただけではすぐに覚えられず、文字(カタカナ)で書きとめてきた経験を持つ生徒は多い。そこで、「文字が読めると何度も見て覚えられるよ」と、文字学習の利点を生徒に示すことも大切である。その上で、話す・聞く活動とバランスをとりながら、入学後はすぐに文字指導に十分時間をとりたい。ワクワクしながらもらった英語の教科書が自分ひとりで読め、単語のつづりを覚えて書けるようになる手立てを与えよう。もちろん、「文字」と「音」を結び付ける「フォニックス指導」を継続的に行うことが効果的であるが、その他にも次のような工夫が必要である。

　読むことについては、教科書の文字を見せる前に、カードなどを使って単語レベルで文字を読む練習を行うとよい。小学校で耳から慣れ親しんだ単語や教科書の始めに出てくる単語をカードにし、発音しながら読む練習を毎時間行う。単語が読めるようになったら英語の語順通りに黒板に並べ、文構造を示して読ませる。教科書を開かせる前に、一斉に黒板に集中させて単語や英文を読ませる練習は、教科書の文字を読むことへの移行をスムーズにする。

　次に、書くことである。ゲーム機の操作には長けているのに、鉛筆を持ちモデルを見ながら文字を形どって書くことを「めんどうくさい」と感じる生徒が増えている。そのような生徒たちには、一斉に目の前で「宙書き」をさせたり、ミニマル・ペアに注目させて単語の覚え方のコツを教えたり、単語や文を言いながら何度も書かせる、生徒の興味のある話題について書かせるなど、書くことに抵抗をなくす工夫が必要である。

2.5　意欲づけの工夫をしよう

　なめらかな小中接続を行う際には、生徒の意欲づけとして、次のキーワー

ドを大切にして日々の授業を工夫するとよいであろう。

・気づき
・スモールステップ
・繰り返し
・小さな成功体験

　すなわち、単語や文法ルールなどについては、教師が教え込むのではなくて生徒の「気づき」を大切にする。ゴール達成に向けては「スモールステップ」で活動を積み重ね、飽きずに何度も「繰り返し」練習させるようにドリルを工夫する。そして、小テストやインタビューテストなど、ゴール達成ができたかどうかを見取る評価活動を通して、「小さな成功体験」を味わあせることが大切である。例えば、英文を正しく書けるかを見取る「小テスト」では、いきなり日本語から英語へ1文の英作文ではなく、「並べ替え」、「空所補充」などヒントを与えたり、1文を書かせるときも、語数分の下線を引いたり語数を指定するなどのステップを踏む。そして答え合わせの際には、単語1つ1つ、ピリオドやクエスチョンマークなどの記号にもマルをつけさせるとよい。生徒は「マルがたくさんついた」達成感を味わうと、「単語を覚えるのも苦手だったのに、文が書ける」自信が生まれ、次の学習の意欲につながる。もちろん、マルがたくさんつかなかった生徒にも、「間違えた単語や文を3回書こう」とやり直しの具体的な指示を出し、次またがんばろう、とフォローする姿勢も大切である。

3. 英語学習の基礎づくりのために

　英語学習のスタートにあたる1年生では、その後の英語学習をスムーズに積み重ねることができるように、次の3点について特に細やかな指導を徹底して行うことが大切であろう。

・学習内容
・学習の仕方
・学習規律

以下、それぞれの指導の留意点を手短に述べたい。

3.1 学習内容（発音・語彙・文構造）
①発音
　日本語にはない英語特有の音声は、ALT がモデルの音声を何度も示す一方、どのようにしたらその音が出せるのか、やり方を示すのは JTE の役割である。我々教師自身もそのモデルとなる音を出す音声訓練を続けなければならない。

②語彙
　小学校で学んだ身近な単語を、中学校では「名詞」、「動詞」、「形容詞」などの品詞別フォルダーに整理させたい。品詞の学習については国語科と連携をとり、生徒の実態を知った上で行うと効果的である。

③文構造
　文構造は、計画的な板書あるいは ICT を活用して視覚的に提示したい。特に、"I" と "you" のやり取りが中心であった小学校の「貯金」がなくなるのは、動詞の「三人称単数現在形」の学習あたりである。主語や動詞などを次々と変えたパターン・プラクティスや有意味なドリルで口頭練習を十分に行い、どこを入れ替えたら、いざ自分が話したり書いたりする時に応用できる（言いたいことがその場ですぐ言える）のかを、身体にしみこむまで繰り返すことが不可欠である。もちろん、ドリルに終始せずに、学んだことを使って自分の好きなことや言いたいことを表現する機会をたくさん与えよう。

3.2 学習の仕方

　自律的学習者に育てるためにも、1年生のうちに学習の仕方をしっかり指導することが重要である。例えば音読練習にしても、ただ本文を覚えるまで読みなさい、ではなく、意味と関連するリズムや区切り、リズムやイントネーションなど、「何に気をつけて読むか」、視点を明らかにして意識させて練習させたい。"Read and look up" も暗誦やスピーキングにつながるので、家でも自分で練習できるように、授業でやり方を十分指導しておきたい。

　また、小学校と一番大きく違うのが、宿題の量である。家庭学習の習慣をつけさせることも1年生のうちが肝心である。次の授業につながる内容の家庭学習を工夫し、やり方を授業でしっかり教え、点検を徹底して行いたい。

3.3 学習規律

　授業の50分間を有効に活動させるためには、最低限の約束事が必要である。1年の4月の徹底した指導が肝心である。「きちんとした姿勢で、話し手の方を向いてしっかり聞き、反応をする」といった基本的なことを、できていなければすぐにやり直しをさせるなどして、やりきらせる姿勢を確立したい。忘れ物や提出物についても同様である。授業規律を「スローガン」にして常に意識させたり、活動の仕方をパターン化したりすることも含めて、全ては、その後の授業で生徒が英語を使う時間を十分に保障するためである。

　中学1年生を迎えるにあたり大切にしたいことを述べてきたが、以上のことを1年生担当の教師だけで行うのは難しい。同僚の英語教師と協同し、共通のゴールイメージに向けて3年間の見通しを持った指導を行いたい。

おわりに

　生き生きとした英語の授業には、生き生きと英語を使う生徒の姿がある。1年生では英語で自分を表現するのは当たり前であり楽しい！　という基本姿勢を作っておこう。1年経つ頃には心も豊かに成長する。深まった自分の

考えを英語で表現するためにも、しっかり基礎を固めて 2 年生へバトンタッチしたい。

⋮ 2年生とどうつきあう？

広島県福山市立福山中・高等学校　上山晋平

1. 中学2年生は「疾風怒濤の時代」

　中学1年生から2年生に進級した生徒たち。後輩を迎え、大人への階段を上り始める彼らは、思春期の中でも特に「疾風怒濤の時代」にあると言われる。自分の心と体の成長のアンバランスに悩み、「自分とは何か」「何のために生きているのか」自分の存在意義を考え始める。自分の揺れ動く内面と向き合うこの時期の彼らは、大変不安定な状況にある。中学2年生を担当する教師は、まずもってこのことを頭に入れて指導に当たる必要がある。

　次に認識しておきたいのは、この時期は生徒だけでなく、教師や保護者など「見守る側」にとっても難しい時期にあるということだ。中学2年生は普段から「勉強しない」だけでなく、「否定的な感情」が増える学年だからだ。例えば、ベネッセコーポレーションの「第1回子ども生活実態基本調査」によると、中学2年生の「平日の家庭学習時間」は47分で、調査対象の小1〜中2 (8学年) の中で最も少ない。「家庭学習をほとんどしない」生徒も27%いる。また、「疲れやすい」生徒は65%で、「つまらないことですぐ落ち込む」生徒も41%に上るなど、否定的な感情が増加する学年である。会話量など、親との肯定的なかかわりも減ってくるのがこの時期の特徴だ。見守る我々にとっても、心身のタフさが要求される学年であるといえる。

　しかし、覚えておきたいことは、この難しい時期の生徒たちと真剣に向き合うことで、私たち大人も鍛えられるということだ。彼らと向き合い、関係を維持していくためには、授業をどうするかだけではなく、自分の教育観や生徒観、彼らとのかかわり方など、根本的な思考や行動を見直すことが求められる。

第 2 章　変化めまぐるしい中学生を教える

　私たちは彼らとどうつきあっていけばいいのだろうか。中学 2 年生が抱える英語に関する「悩みの種」と、彼らを担当する教師の「悩みの種」を明らかにし、それらに対する取り組みを見ていくなかで、疾風怒濤の中学 2 年生とつきあう心構えについて考えていこう。

2. 中学 2 年生の悩みの種

　まずは、英語の授業から見てみよう。中学 2 年生が学習する主な文法は、「一般動詞の過去形」「過去進行形」「不定詞」「比較級」である。この中で特に力を入れて指導したい項目は「不定詞」である。「生徒が難しいと思う文法項目の 1 つである」からだ（瀧本他、1994: 91）。苦手な理由は、「1 つの形」（to ＋動詞）で、「3 つの意味」を表す複雑さによる。この苦手意識をどう解消できるだろうか。2 つの方法を挙げてみたい。1 つは「紹介の仕方」、もう 1 つは「意味の類推の仕方」を工夫することだ。

　1 つめの「紹介の仕方」から見てみよう。不定詞でつまずく生徒が多いと知っている先生は、善意から、次のように伝えてしまうことがある。

　　「今回学習するのは、不定詞という文法です。この不定詞は、「難しくて苦手」という人がたくさんいます。がんばりましょう」

　これを聞いた生徒は、不定詞に対してどのような思いを持つだろう。「不定詞は難しいのかぁ。やだなぁ」マイナス感情を抱かせる紹介となっている。
　次のような紹介の仕方はどうだろう。

　　「今回学習するのは、不定詞という文法です。この不定詞は、「自分の夢や未来が語れるようになる文法」です。がんばりましょう」

「生徒が笑顔になる、プラスイメージの紹介」を心がけたい。

2つめの方法は、「意味の類推の仕方」を教えることだ。ちょっとした工夫で、不定詞の意味が自然に分かる方法がある。生徒は先ほど見たように、不定詞の「3つの用法と意味」の違いに混乱する（①「〜すること」〔名詞的用法〕　②「〜すべき」〔形容詞的用法〕③「〜するための」〔副詞的用法〕）。

　では、この課題にどう対応すればいいだろうか。「不定詞の前にスラッシュ（／）を引く方法」を教えるのが効果的だ。to の前にスラッシュを引き、その前後の意味をとれば不定詞の意味が自然に分かることを、次のように指導する。

①黒板に I like to play baseball. と板書する。
②教師：「to の前にスラッシュを引きましょう」（実際に引いて見せる）
　　　　I like ／ to play baseball.
③教師：「スラッシュの前だけをまず訳してみよう」（生徒：「私は好き」）
④教師：（to play baseball の部分を指しながら尋ねる）「何が好き？」
⑤生徒：「野球をすることが」
⑥教師：「そうだね。この to が「〜すること」という意味だと知らなくても、スラッシュを引けば、自然に意味をとれますね」

　同様の方法で、残り2つの用法も自分でやらせてみるとよい。生徒はすぐに to の意味がとれることに驚くだろう。

　　I went to the park ／ to play baseball.
　　私はその公園に行きました／野球をする「ために」（副詞的用法）
　　This is a stadium ／ to play baseball.
　　これはスタジアム（球場）です／野球をする「ための」（形容詞的用法）

　この方法で、「不定詞の訳し方が分からない」という生徒は激減する。

生徒がつまずくポイントはたくさんあるが、そのつまずきに対する効果的な指導法（処方箋）も数多く開発されている。私自身も悩んでいたときに、中嶋洋一先生（関西外大教授）から先の不定詞の指導法を学んだ（詳しくは、『学習集団をエンパワーする30の技』・DVD『どの子も英語が好きになりたい 6-Way Street ライブ版』を参照）。

では、生徒の悩みの種を解消し、彼らの成長に資する教師になるための心構えは何か。2つある。「できないことを生徒のせいにしないこと」と、「生徒ができるようになるために自分自身が学び続けること」だ。教師は医者に似ているといわれる。病気が治らないのを患者のせいにする医者はどうだろう。それよりも新しい医療技術や研究成果を学び、病気克服の手助けをしてくれる医者を信頼するだろう。教師も同様だ。目の前の生徒の課題を自らの責任と考え学び続けるからこそ、彼らの成長（課題克服）に貢献できる教師となれるのだ。

3．中学2年生を担当する教師の悩みの種

中学2年生を担当し、生徒と良好な関係が続くことが一番だが、教師は、この時期特有の悩みに直面することもある。授業を一生懸命しているつもりでも、授業が停滞する時期が来ることだ。「中1の頃は、あれほど楽しそうに活動していたのに」「今は生徒が授業に乗ってこない」このような状況になることがある。特に若い教師の場合は、その期間が長引きつらくなることがある。私自身もそうだった。2年生を担当した時の日記をひも解いてみよう。

> 今日の授業は、生徒の様子が変だった。教室に入ってきた時からいつもと違う。男女とも数人で固まっているが、仲間と話をするわけでもなく、教卓に集まってくるわけでもない。何かが違う。特に顕著だったのは、ABCの3人。授業中何とか雰囲気を変えようと苦心したが、できなかった。「途中で授業を打ち切りたい」と思うほどの雰囲気・プレッシャーだった。

「生徒が乗らない」「反応が薄い」「しらけている」このような授業は苦しい。「生徒とのつながり」や「双方向性」を特に重視する英語科教師にとって、最も恐れる状況の1つといえるかもしれない。それが長期化すればなおさらだ。

「負のスパイラル」という言葉がある。1つのことがうまくいかないと、他のことにも波及するというものだ。授業がうまくいかない状況が続くと、学級経営や教師自身の心身にも影響することがある。私自身も、「体の不調が続く。耳鳴りがする。急に鼻血が出る。腹痛がする。車が故障する。パソコンが壊れて、データすべて消失」このようなつらい状況が続いたこともある。

では、このような状況からどうやって私たちは立ち直ることができるのだろうか。つらい状況から授業が立ち直った実際のプロセスを、再度日記をとおしてご紹介する。

①「2年生は疾風怒濤の時代。耐える時期」ということを認識する。

> 「次、え〜、英語〜」という声が聞こえるようになった。先週からクラスの女子の雰囲気がおかしい。授業でもそんな態度が見られる。英語科にとって、「中学2年生は耐える時期」と言われている意味がよく分かる。

②自分の悩みに向き合う。

> やはり生徒との関係が難しくなっている。自分も悩みに入っている。自分は何を求めて教職に就こうと思ったのか、自分は何をしたいのか、どうすべきなのか、考える日々が続く。「思考が行動に現れる」と言われる。自分の行動が悪いのだろうか。自分の行動を変えるには、思考を変えなきゃと思いながら、なかなか変わらずもがいている。

③書籍などから考え方のヒントを得る。

　本を読んだり先輩に相談したり、自分で考えたりしながら、少しずつ自分の教育観や生徒観、授業観を築いていく。私がつらいときに出会い、私を支え、今でも折に触れて確認している言葉を紹介する。

・自分が考える「教育の原点」とは何か？
　「どの生徒も本当にいとおしい」という気持ちを抱いているか。
・生徒への対応が、通りいっぺん（不誠実）になっていないか？
　叱るだけになっていないか。ほんの少しの成長も認め、ほめているか。
　生徒と、「一緒に」「親身に」「熱意をもって」行動しているか。
・思春期の生徒が信頼するのはどんな先生か？
　「自分を分かってくれる」「相談に乗ってくれる」先生はもちろん、教科面では、「できないことをできるようにしてくれる」先生になっているか。
・自分自身が「授業が待ち遠しい」と思う準備をしているか。
　「今日の授業は、どんなことで驚かせようかな（教材研究）」、「自分の授業に参加してくれてありがとう」（謙虚・感謝）と思って授業をしているか。

④生徒に合わせて具体的に工夫をする。

　考え方を築きつつ、生徒状況に合わせて授業やクラスで具体的に工夫・改善をする。例えば、「中2くらいになると声を出すのをいやがる生徒も増えるので、声を出しやすいように、授業の最初にペア活動を取り入れる」「より印象に残る授業にするために、教科書の内容に関連した映像を授業の最後に見せる」などの取り組みを行った。学級では、「こうしなさい」という指示や注意だけでなく、自分が学んだことや失敗談、教師としての夢を語るなど「自己開示」をする。こうした1つひとつの取り組みが、開いていた生徒との距離を縮めていく。

⑤復調の兆しが見える。

　生徒との関係がよくなれば、授業や学級の状態も上向いてくる。

> 今日の授業は、マンネリ化していなくてよかった。やはり、授業者本人が「授業が待ち遠しい」と思う準備をするのが一番だと思った。いい授業をすれば授業後に生徒が教卓に集まってきてくれる。気持ちがいいし、生徒との関係もよくなる。授業準備の大切さを改めて感じた。
> 授業終了後、「もう終わり？ 英語終わるの早いわ～」「おれ最近英語が楽しくなってきた」という声が聞こえてきた。授業が「もう終わった」という言葉を聞くのはとてもうれしい。クラスの状況もよくなっている。

4. 生徒も教師も "Never never give up !"

　以上一連の取り組みからいえることは、「授業の基盤は生徒との人間関係」ということだ。うまくいかないときは教科の指導技術はもちろん、自分の教育観や生徒との関係作りを見直してみよう。これが授業づくりと、彼らとつきあう秘訣である。生徒との関係が良好になると、授業やクラスの状態も上向いていく。生徒も教師も大変な疾風怒濤の時代。悩みの種はつきないが、"Never never give up !" の精神で彼らと向きあい、学び続け、支え続ける。彼らが疾風怒濤の時代を乗り越えたとき、そこには素晴らしい最高学年が待っている。

参考文献
瀧本孝雄・北澤浩二・石井隆之(1994)「外国語学習能力の構造とその心理的規定要因について(1)」『獨協大学外国語教育研究』第13号，pp.71–118

第2章　変化めまぐるしい中学生を教える

⚃ 中学3年生をどう育てる？

秋田県湯沢市立湯沢南中学校　大野理智子

1. 中学3年生とは

　中学校を卒業すると、生徒たちは自分の選択した進路に向かってそれぞれの道を歩み始める。義務教育のゴール地点で生徒たちは何を身につけ、どんなことができるようになっているのが理想であろうか。

　3年生は、言うまでもなく学校生活のすべてに「最後の」という言葉がつく。修学旅行、学校祭、体育祭などの行事、部活動の大会やコンクール…それらに対する生徒たちの思いは他の学年の比ではない。また、最上級生の3年生は学校の顔であり、学校生活のすべてにおいて下級生に範を示さなくてはならない。そしてその立場の自覚が、彼らを大きく成長させる。生徒会や部活動で生き生きと輝いたり、歯を食いしばって努力したりする先輩を見て「あんな3年生に自分もなりたい」と1・2年生はあこがれを抱く。しかしその一方で、思うように力を発揮できなかったり、理想と現実とのギャップや劣等感に自分を見失い、自暴自棄になってしまったりする生徒がいることも忘れてはならない。

　3年生の目の前に大きく立ちはだかるもの、それは高校入試という壁である。もちろん、学校教育における英語の授業のねらいは入試問題が解けるようになることではない。しかし、生徒たちが安心して高校入試を受けられるように力のつく授業づくりをすることや、入試問題への助言をすることも3年生を担当するときには重要なことである。

2. 授業の実際「3つのポイント」

　このような3年生に対して授業づくりをするときに大切なことが3つあ

る。1つめは「タイムリーな活動」である。感動や悔しさ、喜びなどで心が動いたとき生徒たちはそれを表現したくなる。成功体験だけではなく、失敗や苦しかった経験も英語だからこそ語りやすい。彼らのそのような心の軌跡を言葉で伝え合えるような活動を、時期を逃さず仕掛けたい。

2つめは、「違いを生む授業」である。"What do you think?" "Why do you think so?"のように、答えが1つではない発問をする。そうすることで、仲間の意見を聞いて考えが深まったり、新たなことを発見したりする授業が展開できる。高校入試には正解が1つしかない。しかし、入試を目前にしたこの時期だからこそ、多様な答えの存在に気づく楽しさを味あわせたい。

3つめは「かかわり合う授業」である。初めにグループ、ペアなどの学習形態ありきではなく、1つの課題をともに考え、互いの考えから学び合うことで、高め合ったり深めたりできる、そんな授業を目指したい。

3. 実践事例1「聞き手を育てるスピーチ発表会」

スピーチというと発表することに意識が行きがちであるが、実は聞き手を育てる上で重要な役割を果たすことを忘れてはならない。

活動内容

テーマに基づいて1人ずつスピーチをする。学校行事や学習内容に合わせ、年間指導計画の中にテーマを位置づけることでねらいに沿った段階的な活動にすることができる。やり方は授業の初めに決められた生徒が数名ずつ発表する方法や、学期末に全員による発表会をする方法がある。

目標

既習表現を用いてつながりのある英文を書くことができる。聞き手を意識して話す内容の順番やスピード、間の取り方などの工夫ができる。また、聞き手は話し手のメッセージを受け止めながらしっかりと聞くことができる。

評価例

　原稿作成においては英文の正しさよりも、事実と気持ちがわかりやすく述べられているかなど、聞き手を意識したメッセージであるかどうかで評価する。発表会ではアイコンタクト、声量、ジェスチャーなどアピール度を評価する。生徒同士で相互評価をさせ、教師の評価に加味することもできる。評価規準は活動の最初に示し、何ができればいいのかを生徒に明確に分からせることが学習意欲や達成感につながる。

指導手順（学期末に発表会を行う例）

①テーマに沿って原稿を書く。可能であれば卒業した先輩たちが書いた原稿を読ませたり、イメージマップを書かせたりしてから原稿作成をする。なかなか書き始められない生徒には教師が個別に日本語で質問をしてイメージマップを書いていくとよい。既習文法一覧や表現集などを配布し、生徒ができるだけ自分で調べて書けるようにすることで達成感が高くなる。辞書を使うときには同じクラスの生徒が聞いて分かる語彙・文法であることを意識させる。

②原稿を教師がチェックする。コツは間違いの訂正だけではなく、文のつながりや話す順番、最初や最後の1文、内容を具体的にするためのアドバイスや質問などを赤ペンで記入することである。

③音読練習をする。先輩たちのVTRを見せてイメージを持たせるのもよい。発音、イントネーション、間を持たせる部分などについては個人指導をしたい。

④発表会を行う。発表順を意図的に教師が決めることで最初にムードメーカーの生徒、最後に手本となる生徒を発表させるなどの操作が可能になる。また男女交互にする、おとなしい生徒ばかりが続かないようにする、配慮の必要な生徒が安心して参加できる順番にすることなども発表会のよりよい雰囲気づくりのためには大切な要素である。

秘訣

　テーマは生徒にとって身近なもの、聞き手が学級の仲間であることを意識したものであることが大切。3年生なので部活動や学校行事など、中学校時代の思い出となるものを取りあげたい。また、最後は将来の生き方や進路へのビジョンを抱かせて卒業させたい。一例として「20年後の自分になっての自己紹介」などが考えられる。

難しい点

　伝えたい思いがたくさんある反面、それを表現できる既習語彙や文法が少ないため、英文にすることが難しい。言いたいことを日本語の段階でいくつかの文に分割したり、英文にしやすい日本文に言い換えたりなどの練習を日常的に行うことが必要である。

　原稿を完成するまでの生徒の所要時間に大きな個人差がある。チームティーチングの場合は、完成した生徒から別室に移動して音読練習を始めるなど、どの生徒も時間を有効に使える手だてを準備したい。

　教科書の音読が上手にできる生徒でも、自分の書いた原稿をメッセージが伝わるように工夫してスピーチすることは難しい。間の取り方や表現の仕方のアドバイスは、できれば教師と生徒の1対1で行いたい。

生徒の感想

　「一番印象に残ったのは部活動のスピーチ発表会。部活動から学んだこと、辛かったことを言えてすっきりした。自分の想いを英語にするのはすごく楽しかった。英語で自分のことをみんなに伝えたいと本当に思ったのは初めてだった」

4．実践事例2「学級の仲がよくなるディベート」

　ディベートは中学生には難しいということをよく聞く。しかし、方法を工夫し適切な手だてをとることでどの生徒も発言できるようになる。ディベー

トの最大のメリットは学習集団としての質が向上することである。相手の意見をきちんと聞く姿勢や、メッセージを伝えようとする態度が育つとともに、反論する楽しさを経験する中で安心して NO と言える空気ができあがっていく。また英語力だけでなく、論理的に考える力、両面から考える力、相手の意向をくみ取る力などを育てることができる。

活動内容
　トピックを決め、賛成・反対に分かれて自分の意見と根拠を述べる。活動形態は、ペア対ペア、グループ対グループ、学級全体を 2 チームに分ける、あるいは 3 人で活動するトライアングル・ディスカッション（中嶋洋一『英語のディベート授業 30 の技』(1997、明治図書出版)参照）などがある。

目標
　トピックに沿って、賛成・反対、その根拠を既習語彙・既習文法を用いて相手に聞こえる声量で言うことができる。相手の発言を的確に聞き取り、論点をずらさないように反論することができる。

評価例
　教師の観察による評価＋生徒の自己評価や相互評価。ディベートをするときに記録用紙として生徒が書いたシートから発言への意欲や相手の意見の聞き取り具合を読み取って評価する。

指導手順（学級の生徒全員を 2 チームに分けて行う例）
①トピックの提示、チーム代表生徒のジャンケンによる Yes / No サイド決定
②マッピング（個人）・作戦タイム（ペア）【10 分】
③ First Half（立論）【両サイド 5 分ずつ】
　※ぶれない反駁のために、相手チームの発言・発言者名を赤ペンで書かせる。

④作戦タイム【5分】
⑤ Second Half(反駁)【両サイド3分ずつ】
⑥ Free Battle【3分】※どちらのサイドも自由に発言する時間

秘訣
難しいというイメージを軽減し、意欲を持たせるための対策例
・最初にディベート型の活動を行うことによるメリットを生徒に伝える。また定期テスト問題として出題することも伝え、学習の必然性を生み出す。
・トピックは話しやすく身近なものであること、またどちらのサイドも不利にならないものを選択する。
・活動の繰り返しで徐々にできることを増やしていく。
・スタディペアの活用により、英語が苦手な生徒も勇気と安心感を持って活動ができるようにする。
・発言をポイント制にして勝敗を決めることで生徒たちの意欲を高める。チーム全員が発言できた場合のボーナスポイントを決めることで、どの生徒も発言できるように互いに協力し始める。

難しい点
　ポイント制にすることで発言への意欲は高まるが、逆に内容の薄い発言になったり、他とつながりのない発言になったりしがちである。また、自分の好き嫌いを理由にする発言が出る場合もある。勝敗を伝えるときに結果だけでなく発言内容に関するコメントを言うことで内容を質的に高めることができる。
　ディベートは全員に聞こえる声量で話せることが重要である。英語の苦手な生徒は学力だけではなく、人前で英語を話すことへの心理的要因が声量の低さにつながる。全員に聞こえるように話す日常的なトレーニングやスタディペアの活用、文法的な間違いがあっても発言できたことを教師が認めるなど、安心して英語を話せる空気を普段から作っておく必要がある。

生徒の感想

「自分でも英語でたくさんのことが言えることを改めて感じた。知らないうちに反駁する力がついていたのでビックリした」

「1人ひとりの英語の力よりもその場の雰囲気が大切だと思った。周りのあたたかさが、みんな発表できた理由だと思った」

おわりに

中学校を卒業した生徒達は、やがて社会に旅立っていく。その時、彼らに求められるコミュニケーション能力とはどのようなものであろうか。笑顔で話ができる、相手の話をきちんと聞けるというような基本的なことだけでなく、相手に自分を語れること、自分の考えやその理由を明確にして伝えられることなどの力が必要と考えられる。また価値観が多様化してきている中で、様々な角度から物事を考えられる力も、これからの社会を生きていく上ではなくてはならないものであろう。

中学校の英語は文法や語彙の知識だけではなく、このような力の基礎を身につけさせていく役割もある。「教科書を」教えるのではなく、「教科書で」それらをトレーニングするのである。

「英語の授業には間違いというものがないような気がして、自分の意見をたくさん出していこうという気持ちで毎回授業に臨めた。授業を通して自分の気持ちを伝える勇気をもつことができた」

これは3年生3学期の授業アンケートにある生徒が書いたコメントである。英語の授業を通して、社会で生きていく上で必要なコミュニケーション能力の素地を身につけさせるのが中学校英語教師の役割ではないだろうか。

第3章　高校でのさまざまな実践

　中学校に比べ高校は学校ごとの違いが大きく、大まかに「進学校」「中堅校」「教育困難校」という3種類に分けられます。学力以外にも、地域性や学校の目指すあり方の違いから、大きな差が生まれてきます。人事異動でそれまでの学校との違いに苦しむ先生が少なくないのは、このことが原因でしょう。

　第3章は、「中堅校」「教育困難校」「進学校」に勤務する、生徒への愛情のあふれた先生方の実践録です。

　「「反省的実践」の実態とは」では、山岡大基先生が、ご自分が中堅校で実際に経験されたことを基に、教師の成長のために必要なヒントや、課題を克服するための方法のヒントを示されています。

　「「教育困難校」での苦労と喜び」は、公立高校の福水勝利先生が、アルファベットの26字が書けない生徒も多くいた実業系専門高校での英語の授業を通じて、生徒が成長していく様子を描かれています。

　「人生というスパンで考える生徒の成長」では、英語が分かるようになることで、教育困難校の生徒がどのように変化していくかという様子を中心に、理念を持つ大切さを私が書いています。

　「「進学校」での喜びと苦労」では、公立高校の麻生雄治先生が、学校(授業)を生徒と教師、双方の成長の場としても捕らえ、生徒がお互いに学びあうだけではなく、教師もお互いに助け合い・学び合い、教育活動を進めていくことについて述べられています。また、私立の中高一貫校の阿部清直先生は、中学校1年生から高校3年生までの英語学習の流れの中で、英語教育を通じての生徒の人間的な成長とその援助について執筆されています。

　高校生は、精神的にも大人の仲間入りをする時期にいます。この貴重な時間に、英語の授業を通じて求められるものはそれぞれ違うものの、生徒の成長を願うという気持ちや愛情はすべての先生に共通しています。この行間もぜひとも読み取ってください。

（組田幸一郎）

1 「反省的実践」の実態とは

広島大学附属福山中・高等学校　山岡大基

1.「何が問題なのか」それが問題

　私の経歴を簡単にご紹介する。私は大学では教育学部で英語教育を専攻し、そのまま大学院に進学。修士課程を終えてすぐに公立高校の教諭となり、5年めから国立中高一貫校に籍を移した。また、そういった公的な経歴以前にも、学生時代にはアルバイトとして学習塾や予備校で中高生に英語を教えていたし、大学院の間に1年間だけだが私立高校の非常勤講師も経験した。つまり、私はとにかく英語教育一本でやってきた人間である。

　そのような経歴ならば、今ごろはとっくに英語の教員として立派な力量を持っていておかしくないと思うのだが、現実は情けないものである。何が情けないかといって、「何をどうしたらよいかが分からない」ことである。自分の実践をよりよいものにしていきたいのだけれども、何を改善すればよいかが分からない。もちろん、改善の余地がないほどに優れた実践ができているということではない。改善すべきことがたくさん見えていて、「どこから手をつけてよいか分からない」というのでもない。どういうわけか授業がうまくいかなくて、何かを変えなければならない。けれども、何が問題なのかがはっきりせず、したがって改善の手立ても講じようがない。そういう状況であり、それが教職に就いて以来ずっと続いている。これは正直言ってつらい。

　ただ、だからといって新任のころのまま足踏みしているかといえばそうでもなくて、自分なりには成長してきている。最初は「何をどうしたらよいか分からない」状態であっても、あれこれともがいていれば、少しずつ何が問題なのかが明らかになってくることがある。問題が判明すれば、たいていの

場合「解法」は存在する。もちろん、解法が分かって瞬時に解ける問題もあれば、それでも手間ひまをかけなければ解けない問題もある。しかし、解法さえ分かっていれば、精神的な負担はずいぶんと軽くなるものだ。

　では、どうすれば問題を明らかにすることができるのか。それを考える前に、私の初めの数年間での経験をご紹介したい。個人的なエピソードであり整理された話ではないが、それが大事なので、まずはおつきあい願いたい。

2. 私の場合

　教員になって以来、高校の授業についてずっと悩んできたことの1つが、「読むことの指導において内容理解をどのように進めるか」ということである。高校の教科書での主たる教材は、ある程度の長さの文章であることが多い。そのため、教科書を用いる場合、どうしても読むことの指導がつきものであり、読むことの指導は教材の内容理解なしには始まらないと思っていた。しかし、その内容理解をどう進めたらよいのかが分からなかった。

　私が大学の講義や教育実習で教わっていたのは、発問によって生徒の読みのストラテジーを形成するという方法である。「スキーマを活性化させる」「談話標識に着目させる」など、英文を読むときの望ましい「頭の働かせ方」ができるように、発問を工夫することで生徒の読み方を方向づけていくのである。非常勤講師として初めて高校の正規の授業を担当することになったときも、この方法によって内容理解を進めようとした。

　ところが、すぐに壁に行き当たった。授業が気持ちよく進まないのである。発問の内容は吟味していたつもりである。私の力量の及ぶ限りの教材研究はやっていた。しかし、「これならば生徒の内容理解を促進するだろう」と、内心自負していた発問も、実際の授業では効力を発揮しなかった。私が発問しても、指名された生徒は答えずに黙り込むか、思いつきのような答えを言って終わり。そのやり取りがクラス全体で共有されているようにも思えず、生徒の思考を促している実感もなかった。生徒たちの授業態度はまじめだった。だが、私の授業が彼（女）らに受け入れられているとは思えなかっ

た。私が発問をして、教室がシーンとなって重苦しい空気がただようたびに、私は生徒との間に見えない壁があるかのような距離感を覚え、しだいに生徒に向かって発問することが怖くなっていった。

　今になって振り返れば、生徒たちは私の授業を拒否していたわけではなく、むしろ新任の私の授業になんとか適応しようとしてくれていたのだと思う。しかし、当時の私にはそうは思えず、生徒の反応が冷たく感じられ、自信をなくすばかりであった。

　ただ、私もそれで手をこまねいていたわけではない。そのときの私の授業は、教材の文章を最初から順に読み進め、語句や構文の解説をしながら、生徒に考えてほしい箇所に行き当たるたびに発問をするというやり方だった。これでは、生徒の側からすると唐突に問いが投げかけられ、その場で即答を求められることになるので、考える時間的余裕がない。しかも、そのような状態で指名された生徒には大きなプレッシャーがかかる一方で、その他の生徒は自分で考える責任を免れてしまう。こういうことが「重苦しい空気」の原因になっていると自分で分析した。

　そこで、生徒全員に考えさせ、考える時間も保証することを意図して、発問を掲載したワークシートを配布することにした。授業時間の前半を使って生徒はそれに解答し、私は机間指導を行う。そして、後半で私が解説を行う。そのような授業展開に変えてみた。

　その結果はどうであったか。部分的には成功であった。生徒には以前よりも考える余裕ができたと思う。しかし、それで「重苦しい空気」がなくなったかといえば、そうはならず、私の授業が生徒たちに受け入れられているようには思えなかった。しかも、別の問題も生じてきた。進度が遅れるのである。ワークシートを解く時間を授業中に設けるのだから当然だが、私のクラスだけ、専任の教員が担当するクラスと比べて明らかに進みが遅いのである。こうなると、表立って不満を表明する生徒も出てくる。「他の先生のやり方の方がよい」とはっきり言う生徒もいた。私は、このワークシート方式をあきらめざるをえず、問題解決は遠のいたかに思われた。

ところが、この「重苦しい空気」という問題は、意外なきっかけで解決に向かうことになる。何人かの生徒が、私に親しく話しかけてくるようになったのである。非常勤講師なので授業外で生徒と接する機会がなかったのだが、私がどんな人間か知りたくなった生徒もいたということである。それで、そういった生徒たちとたわいのない話をするようになったのだが、そうすると、不思議なことに、授業中に感じていた「重苦しい空気」が少し軽減されてきたのである。授業の進め方は同じだが、なんとなく生徒との距離が近づいたように感じられ、私の授業も受け入れられているような感覚になってきたのだ。また、発問をして生徒が答えにつまっても、補助発問を出すなどして生徒の考えている内容を授業に生かすことが自然にできるようになってきた。

　これは、つまりこういうことだろう。当初私は自分が抱えている問題の原因は授業の進め方にあると考え、その面から対策を講じようとした。しかし、事態は好転しなかった。ところが、ささいなことで、本当の原因は「生徒に受け入れてもらえていないのではないかという私の恐怖心」であったと気づいた。つまり、私は問題の所在を取り違えていたのだが、そのことがはっきりしたときに、問題の解決も見えてきたのである。

　ただ、話はそこで終わらない。英語の授業として「内容理解をどのように進めるか」という問題は残されたままなのである。上で述べたように、けっきょくはあきらめたのだが、生徒1人ひとりが自力で英文を読む機会を保障すべくワークシートを授業に導入したのだった。しかし、それでは進度が遅くなるという問題があった。進度など授業の本質的な問題ではないと見る向きもあろう。しかし、同じ科目を複数の教員が担当する場合は協調が必要だし、「量」の確保は英語授業にとってけっして非本質的な問題ではない。そういうわけで、あらためて(?)内容理解の進め方について悩むことになった。

　もともと私は、発問主体の授業にも納得していたわけではなかった。発問を通じて生徒の読み方をガイドするという考え方は分かるのだが、では、そ

のガイドがなくなったとき生徒は自力で英語が読めるようになっているのだろうか、という疑問が消えなかったのだ。授業の中でも、生徒が1人の読者として、自分の力で英文を読んで理解する方法を教えるべきだと考えていた。

　そういう問題意識から、公立高校の教諭となってからも、本を読んだり研修会に参加したりして内容理解の進め方について勉強していた。しかし、どうにも納得のいく方法が見つからない。プレ・リーディングやポスト・リーディングの活動を充実させる実践は多い。しかし、肝心の、読んで内容を理解することそのものをどうするかという私の疑問に対する答えが得られないのだ。けっきょくのところ、読むことそのものの指導については訳読を超える方法論がないのではないかとも考えるようになっていった。

　しかし、(株)アイ・シー・シー[1]の鹿野晴夫氏による、英語の「トレーニング」についてのワークショップを受講したことがきっかけとなり、事態は進展しはじめた。私は、読むことの指導においては、生徒がリアルな読者として教材の英文を理解する過程を重視していた。理解できないところがあれば、語句を調べたり構文を分析したりしながら、なんとか自力で理解できるように指導する方法を求めていたのである。ところが、ワークショップで紹介されたのは、理解すること自体は和訳に任せてしまい、その後の徹底したトレーニング（シャドウイングやサイト・トランスレーションなど）を通じて英語力を高める方法であった。これが私にとっては、衝撃であった。それまでの価値観を全部ひっくり返されたような思いがした。私の考え方からすれば、鹿野氏の方法論には納得できないはずなのだが、このときは、私自身がワークショップを受講して、その効果を信ずるに至ったのである。

　では、「内容理解の進め方」という私の抱えていた問題はどうなったのであろうか。実は、問題は解消してしまったのである。「解決」ではない。「解消」である。つまり、それまで問題だと思っていたことが、実は問題ではないと認識が変わったのである。私にとって内容理解の問題とは、つきつめれば「どうすれば生徒の英語力が向上するか」という問題である。したがっ

て、生徒の英語力が向上するのであれば、内容理解の進め方に堅苦しくこだわる必要はないと思えてきたのである。そうすると、それまで本や研修会で学んできたいろいろな手法が自分の授業にも生きてくるものに見えはじめ、授業づくりについて柔軟に考えられるようになってきた。

　もちろん、「内容理解をどうするか」という私の問題に対する正解が得られたわけではない。ある特定の方法が私の授業を劇的によくしたということでもない。ただ、柔軟に考えられるようになったという、それだけのことである。私の悩みがなくなったわけではない。しかし、「悩み方」は確実に変わったのである。これが大きい。

3. 学ぶことと考えること

　さて、主題に戻ろう。英語の教員が悩みを抱えたとき、どうすれば問題の所在をつきとめ、解決していくことができるのだろうか。ひとつには、やはり学ぶことである。本などで学んだ知識が問題解決の役に立たないように思われることは多いが、これには理由がある。優れた実践をしている教員が自分の実践を紹介する場合、ふつうはその人自身が到達しているレベルで語るからだ。それまでにどんな悩みを抱え、どんな失敗を重ねてきたかはあまり語られない。到達地点だけを示されても、そこに至る過程を共有しない人にとっては、どうしたらよいか分からなくなってしまうことが多い。人間の学習は基本的に帰納的であり、結論だけを教えてもらっても、それを支える具体的な経験がないと、なかなか納得できないものだ。

　しかし、だからといって学ぶことに意味がないかといえば、まったく逆である。具体的な経験を積み重ねるうちに、本で読んだときにはピンと来なかった話が急に理解できて、授業改善の方向性がはっきりするということがある。こういったことは、そもそも学びがなければ起こりえない。

　このとき、具体的な経験と学びの内容を結びつけるのは、私の場合「言葉にすること」だと思っている。うまくいかない状況について、何が問題なのかを自分なりに言葉で表現してみる（たとえば、「重苦しい空気」や「恐怖心」

など)。最初のうちは自分が抱えている状況をぴたりと言い表す言葉が見つからず、もどかしい思いをする。しかし、それでも探し続けていると、そのうち「あ、自分が悩んでいたのはこういうことだったのか!」という言葉が見つかる瞬間が訪れる。それは本に書かれている言葉かもしれないし、自分の中から見つかる言葉かもしれない。いずれにせよ、「私の抱えている問題はこういうことです」と言葉で明確に表現できた時点で、問題は解決や解消に向かう。そういうプロセスを繰り返すことが、少しずつでも英語の教員としての成長につながるのだと思う。

注
1 英語学習を支援する企業であり、企業内英語研修や英語教員向けのセミナーを開催したり、英語学習に関わる書籍や教材を作成・出版したりしている。

第3章 高校でのさまざまな実践

⊡「教育困難校」での苦労と喜び

千葉県立印旛明誠高等学校　福水勝利

1. アルファベットから

　年度末、私が勤務する県では、教職員の人事異動が新聞発表される。意識して見るようになったのは教員になってからである。ここ数年はそうでもないが、以前は初任者が「教育困難校」に配属される割合が高かった。私も例にもれず、「教育困難校」に赴任することとなった。もちろん「教育困難」は中身や度合いはともかく、どのレベルの学校にも存在する。しかし、一部の学校では学習指導要領などが想定する教育がことのほか困難である。時に「底辺校」と呼ばれる学校を、ここでは「教育困難校」と呼ぶこととする。

　私の教員生活が始まる直前の2月中旬に、着任する学校がある実業系専門高校に決まった。高校生を相手に授業をするのだからと着任までに、授業の準備と心の準備をした。しかし、初の授業で何が何だか分からなくなってしまった。

　分からなくなってしまった原因はアルファベットだった。高校生なのだからアルファベットはすべて書けると思いこんでいた。adcb や lnm、そして、oqp の順に書いてしまうのは英語を習い始めたばかりの自分にも間違った記憶があるので予想ができた。大文字と小文字で順番に書かせてみると、途中がいくつも抜けていた。その上、抜けている文字が大文字と小文字で違っていたりもした。担当する6クラスすべてで同様だった。その高校では、担当教員が各自のペースで授業を進め、テストをつくり、評価することになっていたので、まずはアルファベットから始めることにした。

　文字指導1時間目は26文字をひたすら書かせるだけだったが、それでは飽きてしまう生徒も出てきた。単調な作業は誰にとってもつらい。急いで2

時間目用にプリントをつくった。

　手本を提示して26文字をそのまま書かせたり、穴埋めで書かせたり、大文字と小文字を対応させながら書かせたり、といった工夫をしたところ、退屈する生徒もかなり減った。生徒の実態を踏まえた教材研究の大切さを知るよいきっかけとなった。

　生徒たちにとっては、大文字はそうでもないが、小文字は覚えるのが大変だったようだ。両者が必ずしも連動していないことが大きな理由だった。例えば、Bの大文字は右側に山が2つなのに、小文字は山が1つしかない。Dの大文字は山が右向きなのに、小文字は左向きだ。生徒が口にした疑問点は私にとっても「言われてみればそうだな」というものが多く、どのように小文字ができたのかを勉強し、2年目以降の指導に活かした。1年目より早く、確実に生徒たちはアルファベットを書けるようになった。

　後年、英語の専門学科のあるSELHi校に赴任した。英語は好きという生徒が多かったが、アルファベットが怪しい生徒もごくわずかに存在した。最初の高校同様にBやDの文字の疑問を抱いている生徒もいたが、「小文字の成立過程」を踏まえて指導をしてみると、納得感があるのかアルファベットの定着度は高くなった。

　話は戻り、ゴールデンウィーク明けにあった初任者研修で同期の教員と話をしてみると、「生徒はできない」という結論になり、愚痴の言い合いとなった。だが、愚痴を言い合っているだけでは何も解決しない。深く話をすれば、教育困難校の生徒は共通して「アルファベットが書けない」ということでつまずいているということを感じた。高校生であるというプライドもあり、アルファベットから学ぶのは恥ずかしいと生徒たちは思うかもしれないが、ここから始めることが、彼らが新たな気持ちで英語に取り組み、理解するための第一歩なのだった。

2. 「ルール」

　ある時、県内都市部にある他の教育困難校の様子を雑誌で読む機会があっ

た。
　チャイムが鳴っても教室に入らない。教室内にいても席につかない。ようやく席につくまで約10分かかる。教員の目を盗んで、早弁したり、マンガを読んだり…。
　私の授業では、教室に入らないという生徒は幸いにもいなかった。席につかない生徒はいたが、注意をすれば着席した。しかし、お互い気持ちよく授業に臨みたいと考え、4月は終わってしまっていたが、「授業のルール」という話をした。
　「予習はしなくてよい。代わりに、授業に一生懸命に参加する」「休み時間中に授業に必要なものは机の中やロッカーから取り出し、机の上に置く」「チャイムが鳴ったら着席する」「黒板に書いたことはノートに書き取る」「クラスのみんなに対して質問を投げかけることが多くなるので、わかったら誰でもいいから答える」など、いつでも、どの学校でもこのとおりというわけではないが、初任の学校ではこのような「ルール」にした。
　授業の最大の目標は、生徒に英語力をつけることだが、ただつければいいというものでもあるまい。一定の「ルール」の下、授業以外の学校生活も日常生活も送っているのだから、授業でも「ルール」を守ることを教えるのは大切なことであろう。そこで、生徒たちにはこのように話している。
　「授業は教員だけが作るものではない。教員と生徒が互いに協力して作り上げるものだと考えている。だからこそ、「ルール」を守って、授業に参加してほしい。私も一生懸命やる。君たちも一生懸命やる。いい授業を生み出していこうよ。互いの力でいい授業ができれば、必ず君たちの英語力は伸びる」
　校種やレベルに関係なくあてはまることであると、経験年数を重ねるにつれ強く感じることである。

3. 文法の説明で気づかされたこと

　どうしたら理解してもらえる授業になるだろうと日々模索をしていた。教

育困難校での授業実践はなかなか文字にならない。見つければむさぼるように読んだが、決定打にはならなかった。進度はずっと遅いが、自分自身が教わったような流れで授業を行っていた。教科書の本文をやり、文法の解説をし、練習問題をやって…。生徒たちのことをまったく忘れ、授業を進めていた。「ルール」を守ろうと、じっと椅子に座り、ただひたすら50分間の授業時間が過ぎていくのを待つ、彼らは授業のたびにこれを繰り返していた。

　私が大学生の時に読んだ本か論文だろうと思う。そこに書かれていたと思われることに近いことがある日、起こった。

　「先生、「現在完了」ですよね」
　「うん、そう」
　「「現在」って、「今」って意味ですよね」
　「そうだね」
　「「完了」って、「終わった」ってことですよね」
　「そう」
　「先生、「今・現在」が「終わっ」ちゃったら、「未来」はないのではないですか？」

　身動きもできなかった。残りの授業時間、生徒たちと話した。「英語の意味がどうこうより、文法用語は日本語なのに何のことだかさっぱりわからず、頭がパンクした」と口にする生徒がいた。「微分」が何のことなのか理解できず、数学の時間がつらくて仕方なかった自分自身を思い出した。
　その日の授業が終わって次のようなことを考えた。
　「自分、あるいは自分たち教員は文法用語を苦もなく理解できた、ある意味特殊な人間なのではないか？　文法用語で煙にまくのはやめたい。どうにか文法用語の使用を少なくして説明し、理解させられるようがんばろう」
　以来、機能面を押し出しながら説明し、文法用語の乱発は避けるように心がけている。

文法用語はそれが何を意味しているのかを生徒と教員双方が共有した上で使うのならば問題はないだろう。「現在完了形の継続用法─「完了しているのに継続している？」」、故・若林俊輔先生の『英語の素朴な疑問に答える36章』(1990、ジャパンタイムズ)に出てくる一節である。普通の生徒なら混乱して当然だと思う。英語にかかわりのあることだが、英語そのものでないところで生徒たちを混乱させるのはやめたいものだ。

4.「教育困難校」であれ、「SELHi校」であれ

　SELHi校では、自分が学生時代に学んだことをストレートに出せる、生かせる喜びがあった。30歳代で独身、パワーも時間もあるものだからとにかく生徒を鍛えた。中学校の先生に言わせると「そんなタマではない」という生徒たちが努力をし、高校生で英語検定準1級合格やTOEIC900点超えであったり、国内最高レベルの英語スピーチの全国大会出場であったり、さまざまなチャンスをつかみ、チャレンジし、結果を出す。うれしいことだ。

　では、教育困難校には喜びはないのか？

　そんなことはない。確かに生徒が英語を身につけるスピードは遅いかもしれない。授業で教えている内容も大きく違いはあろう。しかし、自分の授業を通じて、生徒にコツコツと努力をさせる。教員の準備したスモール・ステップを超えるべく支援をしながら、生徒の英語学習の伴走をする。しっかりと食らいついてくる生徒がいる。「勉強などできるようにならなくていい」と始めから思って高校に入学してくる生徒はいない。年齢を問わず、また、県内屈指の進学校の生徒であろうが、教育困難校の生徒であろうが、できるようになればうれしいものだ。生徒ができるようになれば教員だってうれしい。

　実際に身につけた英語がどれくらいのものなのか、力試しをしようと生徒に呼びかけ、校内準会場で英語検定を実施するようになった。1年間でのべ100人を超す生徒が受験するようになり、5級・4級・3級と合格する人数が増えていった。高校生なのに中学校レベルと言うのは簡単だ。だが、彼ら

は彼らのペースで努力を重ね、ある級に合格した。また努力をし、上位の級に合格していったのだ。自分の努力が、例えば英語検定合格という形で見える。努力は裏切らない。その合格がもたらした自信は大きなものだ。高校入学時にはアルファベットからスタートしたのだから、なおさらである。

　勉強、部活動、あるいは生徒会活動、どんなことであれ、どんなささいなことであれ、何かを成し遂げ自信を持って卒業していく生徒たちの姿を目の当たりにする。どのレベルの学校にも共通する大きな喜びだ。

5. 2度目の教育困難校

　SELHi 校と公立中学校での勤務をはさみ、再び教育困難校に行くことになった。10 年以上間が空いたことになる。初任校の時とは様子が違っていた。

　経済的に厳しい生徒は割合が増え、深刻さも増している。私も経験と知識を得たのでより気づくようになったのだろうが、学習障害としか思えない生徒、多動傾向のある生徒、心に問題を抱えている生徒、家庭環境が複雑な生徒、いろいろな生徒が集まっている。生徒との年齢差が大きくなったからなのか、生徒の気質が変わったのか、初任の頃のようなやりにくさもない。

　今、2度の教育困難校の経験を振り返ってみると、SELHi 校では、生徒の自尊感情をくすぐりつつ、英語の面ではロールモデルとして立ちはだかり、学習の伴走をしたといった印象がある。教育困難校では、自信のなさや嫌悪感を悪化させないように目を配り、工夫をし、支援をすることを心がけ、マイナスにふれた針をプラスの方向に向かせる努力をしている。

　なかなか苦労はするけれども、あきらめない。どうにか生徒に力をつけてやりたい。よりよい指導法はないものか。何か工夫は出来ないか。自分に十分な余裕がないのが最大の悩みだ。

　生徒とともに、挑戦する毎日が流れている。

第3章　高校でのさまざまな実践

5 人生というスパンで考える生徒の成長

千葉県立成田国際高等学校　組田幸一郎

1．赴任

「どこにあるの、その学校？」というのが、私が初任校への赴任を命じられたときに思ったことである。生まれ故郷の千葉県の学校であるのに、聞いたことがない名前だったのだ。必要な書類を持って、赴任前にその学校を訪れると、四方を田圃に囲まれた校舎であった。

2年生の副担任として勤務が始まり、教科書を受け取った。A4サイズの大判で、フォントも大きい。内容も簡素であり、英文もシンプルだ。自分の高校生の時の教科書とは全く違う。初任研担当の先生からは、「県内でも学力的にはワースト10に入るから、今までの感覚で授業はしない方がいいよ」といわれた。

初任校での教師生活は、全てが新鮮な驚きであった。アルファベットが書けない生徒、原稿用紙の升目に名前を書こうとしてもはみ出してしまう生徒、校内で喫煙をする生徒に、二日酔いで学校に来る生徒もいた。バイクが学校の周りを走り回ったり、時には中に入ってきたりすることもあった。その時には、若い男性教員が外に出て警備に当たったものだ。

当時、私は授業を深める準備などほとんどしなかった。テープを流し、フラッシュカードで単語を学習し、本文を解釈して音読する。ちょっと文法の説明を黒板で行って、問題を解いてお終いである。毎回、前時の復習も兼ねて、本文の穴埋めテストを行っていたことが、工夫ともいえないような工夫だった。生徒も英語の力を真剣に伸ばしたいと思うものはほとんどおらず、私も真剣に授業に向かい合うことない。部活動と生徒指導に多くの時間を費やしていた。

5年後に転勤することになり、次はどのような学校に赴任するのだろうかと思っていたら、再び、同じような学校への勤務となった。同じ時期に転勤をした同期の教員は、それなりの進学校に赴任した人が多かったが、学習指導ではなく生徒指導中心の学校に再び勤務することは、英語教師としては寂しかった。しかし、教育相談との出会いにより、授業にはあまり力を入れなくて構わないという考え方や、どのように生徒と接していくかという姿勢が変わっていった。

2. 教育相談との出会い

　教育相談とは、生徒が自分の人生を自分で選び、自分で責任を持って生きていくという哲学を基本にして、生徒が学校での生活をスムーズに行えるようにするための援助であると私は理解している。私自身が教育相談に興味を持ったきっかけは、女子生徒と話していると抱きついてしまう男子生徒が、あるカウンセラーとのたった1回の面談で、そのような行動をしなくなったことの「種明かし」について知りたいと思ったことである。その1回のカウンセリングで彼は生徒の課題をあぶり出し、それを解決した。この技術が自分にもあれば、生徒に適切な援助を行えるのではないかと考えるようになった。

　心理学的な知識や技能を身につけるため、山王教育研究所の夜間講座に1年間ほど通い生涯発達心理学を学んだ。それに加え、教育カウンセリングを私自身が受けることで、自己の内省を深めた。人間はどのように生まれて、どのように生きて、どのように死んでいくか。そして、自分はどのような人間なのか。これらのことを通じて、人間の幸せとは何か、人間が生きるとはどういうことなのかという模範解答のない課題が私の関心の中心になってきた。

3. 授業と生徒指導

　教育困難校と呼ばれる学校に入学する生徒は、中学校で「お客さん」状態

の生徒ばかりである。半ば自嘲気味に、「中学校の英語で身につけたものは、「空気を読む能力」と「念力」だ」という生徒がいた。それは、周囲が笑うタイミングに乗り遅れないということと、自分が指名されないように祈るという意味だった。彼らにとって英語の授業は知識習得の場ではなく、「修行」の場であったようだ。

　教師になって数年間は、基礎学力がつかないのは生徒に大きな問題があるという「上から目線」で考えていたと思う。音読を行うように指導しても音読をしない、板書をノートに写すのもノロノロしている、小テストの勉強はしてこない、というように指導に従わないのは生徒であり、私は十分にきっかけを与えているという思いを強く持っていた。しかし、教育相談や心理学を学ぶ中で、彼らは勉強を拒否したくて指導に従わないのではないということが分かった。音読しようと思っても、音読ができなかっただけなのだ。板書をしようと思っても、板書の意味が分からず、私たちにとってハングルのように「画像」を写す作業だったのだ。そして、分かった振りをしていても授業の内容がよく分かっていなかったので、小テストの勉強ができなかっただけだったのである。生徒が分からなかったポイントまで自分では降りているつもりでいたが、実際は「つもり」だったに過ぎず、勉強に対する生徒の思いに共感などできていなかったのだ。

　そこで、単語は冠詞にいたるまで1語1語発音の練習をさせたり、名詞句は四角でくくらせたり、主語と動詞の組み合わせの徹底などを行ってから、音読を行うようにした。ALTも積極的に活用し、1人ひとりが簡単なコミュニケーションを取れるような時間を設け、自分の勉強している英語が伝わるのだということを実感させ、モチベーションを高めるようにした。

　生徒が英語が分かるようになるにつれて、授業の雰囲気も変わってきた。ウトウトとする生徒はほとんどいないし、音読の声も大きくなってくる。より高度な学習をしたいと補習を希望する生徒も出てきたし、それにあわせて職員室で名前の上がることの多い問題行動をしばしば起こす生徒もこちらの指導に乗るようになり、授業こそ最高の生徒指導であることを実感するよう

になった。「自分にもできるのだ」という達成感は「自分はかけがえのない存在なのである」という自尊感情にも通じる。英語という「敵」の教科を「撃破」したことが、彼らの自信につながってきたのだろう。

2校目の学校の最後に受け持った回りの学年のことである。高校入学時にアルファベットもしばしば間違えていた生徒が、2年次の秋に英検3級に高得点で合格した。高校2年生で英検3級ということに疑問を持つ人もいるかもしれないが、中学校時代の憧れだった3級を取得したことは、大きな達成感であり、それは彼女のうれしそうな笑顔をみれば明らかだった。こういう笑顔が見られることは、生徒が勉強をすることを当然のことと認識している進学校では味わえない醍醐味ともいえる出来事だった。また、2級を取得する生徒も数名現れ、中間層も力をつけたし、上位層もそれなりに力をつけるという、それなりに充実した結果となった。

生徒指導とは、規律を守らせるという側面もある一方で、生徒が自分の行動を律することができるように援助することでもある。そのためには、生徒が自尊感情を持ち、自分にとってマイナスになる行動はしないことが必要だ。そのためにも、彼らにとって苦手だった英語といういちばんの苦手教科に対する意識を変えさせることは、生徒指導上での波及効果をもたらすものなのだ。

4. 進路

自信を生徒が持つようになると、行動のみならず進路意識も変わってくる。それまで短大や専門学校へ進学を希望するのは、まだ就職もしたくないし、たいして勉強もしたくないという生徒が多かった。しかしこの学年の生徒は、自分の進路を積極的に考えて短大や専門学校を希望するようになった。また、4年制大学を希望する生徒も多くなってきた。そして周囲から与えられる情報だけではなく、自分たちで実際にキャンパスを見学しに行き、上級学校を比較して自分たちが進みたい大学を主体的に探していた。英検2級という資格を活用して、国公立大学に入学する生徒もいたし、伝統校と呼

ばれる大学に合格するものも現れた。その上、教師冥利に尽きるのだが、大学で英語を勉強したいという生徒も増えてきた。なおこれは学年主任や副主任の人柄が生徒を包み込み、勇気を与えていたことも大きな要因であることは明記しておきたい。

　経済的に厳しい生徒も少なくないので、保護者と金銭的な問題を話し合うだけではなく、奨学金を活用して、学費のプランを立てることも教員の仕事であった。また、生活保護を受けたり、経済的な問題に苦しんだりしている生徒も少なくなく、もっと勉強したい、技能を身につけたいと思っても、就職という選択肢しかない生徒もいた。きれいごとになってしまうが、学びたいという意欲さえあれば、どこでも、何でも学べるよね、と本人に伝えはしたが、こういうケースはいちばん辛いものだった。

5．理念を大切にすること

　生徒が卒業し、3年間の授業を、広い意味での進路指導につなげられたことに充実感を覚えていたとき、自分が行ってきた「指導」に対して疑問を持ってしまう2つのことがあった。1つめは卒業生の退学、そしてもう1つは奨学金の返済に関して卒業生が漏らした一言である。

　英検2級を取得し、それを活用して大学に入学した生徒2名が、大学を中退した。両名とも、授業料や生活費が直接的な原因である。国立大学に通う彼は大学4年生の秋、あと10単位で卒業できるときに中退した。もう1人は、東京の伝統校に通う生徒であるが、家庭の事情でどうしても授業料が払えなくなり辞めざるをえなかった。両名とも、大学入学前から経済的に不安はあったが、なんとかなるだろうと軽く思っていた。もう1つは、「卒業後に奨学金を返済することを考えたら、どうしていいのか分からなくなります」という卒業生の言葉である。経済的に苦しい家庭の彼女は授業料と通学費を全て親から出してもらえず、本人のアルバイト代と1ヵ月8万円の奨学金で大学に通っている。このまま借り続けると卒業時に約400万円の有利子借金を抱えることになってしまう。そのような不安を感じてからバイトを

増やそうと思うのだが、そうすると勉強が疎かになってしまうというジレンマが彼女にはあった。

　これらのことは、学習指導がきっかけとなった進路指導のあり方が本当によかったのかと疑問を私に抱かせた。生徒が達成感を得られることを通じて、自尊感情を持ち、自分が大切な存在であるという意識を持ちつつ、人生を歩めるような土台となるような英語教育を行ったという自負はある。しかし、自分自信の心を冷静に見直してみると、それだけではなく、彼らを有名大学に合格させて、「うちの学校でもここまでできたのだ」というような他人に誇れるような実績を出したいという、醜い気持ちが自分の中に間違いなく、私の中に存在していた。

　教師という「学級経営者」は、民間の「会社経営者」と違って、直接的に誰かの生活を守ることはない。「会社経営者」はリアリズムを大切にし、会社を守る＝従業員を守る一方で、「学級経営者」は純粋に理念を大切にしつつ、生徒と接することができる。そこに、有名大学や国公立大学に生徒を合格させたのように実績を重視してしまうと、どこかに歪が生じてしまう。理念を大切にすべき環境の中で、「他者に誇るための実績」を少しでも考えてしまうと、醜い自尊心が生まれ、徐々に大きくなってくる。私はその恐れを自覚できていなかったのだろう。

　教育を取り巻く環境では、数値目標ということで、大学への進学実績を前面に出している学校もあるし、それを望んでその高校に入学してくる生徒もいるだろう。しかしその一方で、人生という長いスパンで、生徒の成長を考えていけるような学校があってもいいのではないだろうか。これは生徒の成長のみならず、教師自身が自分の生き方やあり方を振り返るよいきっかけにもなる体験である。

ⅲ「進学校」での喜びと苦労　1

大分県立大分上野丘高等学校　麻生雄治

はじめに

　"If you lived on a remote island in the Pacific and could bring only one thing, what would you bring?" 授業の冒頭での1分間即興トークのお題である。私は "I would bring this classroom including all of you." と答えた。少しずるい解答だが、40人いれば自分は何もしなくても何とか生活できるだろうし、40人いれば寂しくはないだろう。そしてなんと言っても好きな英語の授業を毎日することができるし、誰にも邪魔されずに毎日英語のテストをすることができる、などと理由づけをした。生徒は一緒に行きたいだの、行きたくないなどと反応する。教室にはこのようなインタラクションがある。飽きない。生徒とのかかわりの中で苦労もあれば、喜びもある。そしてその中でさまざまな学びがある。

　ここでは、20年余り進学校に勤務した経験を踏まえて、進学校での英語教師の喜びと苦しみ、そして生徒との学びの一端を紹介したい。

1. 生徒と学ぶ英語授業

　英語の授業は教師が一方的に話して終わるのではおもしろくない。新しい高等学校学習指導要領では「英語の授業は原則として英語で行う」ことが掲げられているが、大事なことは「教師が英語を使う」ことより「生徒がどのように、どのくらい英語を使う」かである。つまり、授業では教師も生徒もふんだんに英語を使うことが求められている。

　例えば、本文を暗唱する場合は生徒と一緒に暗唱し、生徒1人ひとりにそれを言わせればその後で教師も暗唱を披露する。生徒が短時間で覚えられる

のに対して、教師の若くない脳に暗記させるという仕事はかなりきつい。また、あるテーマでの1分間即興スピーチでは生徒の後は教師の出番。教師は別のクラスでも同じ授業をしているだろうから即興にならないだろうと、意地悪な生徒からその場で別のテーマを与えられることもある。そこで突然指名された生徒と同じ気持ちになる。心地よい緊張感を感じながら、突然出されたテーマについて多少脚色しながら英語で1分間話すことになる。英語脳の老化防止には非常によいトレーニングになる。

　本校ではスピーキング活動の際、スピーキングの流暢性の伸びを確認するために生徒はワードカウンターをカチカチ言わせながら相手の話の語数を数えることにしている。毎回記録しているので伸びが分かるという優れもの。もちろん教師が話す語数もカウントされている。つまり評価されているのである。

　このように英語の授業は生徒に教えるというより、生徒とともに学習するという雰囲気がある。生徒に「先生も頑張っているんだ」という前向きな姿勢を示すことで彼らの学習に対するモチベーションも高まる。生徒の英語力の向上と教師の英語力減退の防止という一石二鳥の授業はおもしろい。

2. 英語授業における協同学習

　一斉授業の場合、目の前には概ね40人の生徒がいる。音読のチェックや作文の添削を1人ずつするとかなり時間がかかる。何かよい方法はないものか。教師の代わりを生徒がすることができればずいぶん楽になる。つまり、ペア学習やグループ学習を効果的に使うことである。ペアになって相互に音読。一方が先生役、他方は生徒という具合。読めない箇所は先生役が補助してあげる。どちらも読めないときは教師に助けを求める。また、パラグラフ・ライティングではお互いの作品にフィードバックを与える。書き手は読み手を意識するようになるし、読み手も書き手の作文から「この部分の発想はおもしろい」『この表現はうまい、今度使ってみよう」など学ぶ部分が生じてくる。読み手が上手に誤りを指摘してあげると書き手はなぜ間違えた

のかを考えるようになりそこで気づきが起こり、二度と間違わないように気をつけるようになる。英語が苦手な生徒は少しでも書き手の役に立ちたいと思い、辞書をひきながらでもコメントをしてあげる。自然に勉強するようになっていくというしかけである。このような学習がうまくいくためには日頃からの仲間づくりが大切であるが、1年次から習慣化するとかなりスムーズに実施できる。教師は少し楽ができるし、授業は盛り上がるし、もちろん居眠りをする生徒もいなくなる。

　佐藤(2003)は豊かな学びは協同学習から生まれると述べている。グループ学習、集団学習を多用しているフィンランドがPISAで学力上位とされるのも確かにうなずける。これからもより精度の高いグループ学習を授業に取り入れていきたいと思っている。

3. 生徒から学ぶ英語授業

　教師は専ら生徒に教えるばかりではない。実は、逆に生徒から教えてもらう部分も多い。授業でいろいろな活動をさせるが、生徒の反応が今一つよくないことがある。教材が難しいのか、扱う題材が面白くないのか、あるいは単に生徒が疲れているのか。このようなときは一度立ち止まって、生徒をよく観察すると分かってくる。最近は教員評価と称したアンケートを実施しているが、それとは別に生徒の理解度や学習の状況を各学期が終わる頃に調査すると参考になる。さらに生徒の授業に対する意見や感想も書いてもらうとおもしろいし、その後の指導にも役立つ。また、各テストや課題の解答用紙を精察するのもおもしろい。簡単な誤答分析から生徒のつまずきやすい部分が見えてくる。英語教師の大半は高校時代の英語は得意科目だったと思われるので、英語が苦手な生徒はどの部分が難しいのか、英語嫌いの生徒はどのように考えているのかなど理解に苦しむこともある。私はアンケートやテストの結果から生徒の理解度を把握し、生徒が難しいと思う箇所は丁寧に時間をかけて扱うことにしている。年間を通じてのシラバスはあるが、必ずしもそのとおりの進度で進めていく必要はない。生徒の弱点はその都度補強して

いくほうが大切であると思っている。

4. 求められる教師の英語力

　3年生は難関大対策と称して添削指導をしている。長文読解問題では、生徒に模範解答と訳例をわたすだけでは生徒は満足しない。「先生のわからない単語はどれですか？」「先生はなぜその部分が答えだと判断したのですか？」というきつい質問を受けることがある。生徒は解答に至るまでの過程を知りたいというのである。また、自由英作文の指導では、「模範解答を配布するから見ておきなさい」ではなかなか許してもらえない。「先生はどこから書き始めるのですか？」「どのようにしてそのような英文ができるのですか？」のようにプロダクトではなくプロセスを求めてくる。「では、少しずつ書いてみましょう」と皆の前で think-aloud protocol し（自分の頭の中で考えていることを声に出し）ながら黒板に書いてあげる。生徒はどこから書けばよいのか、どのように文をつなげばよいのかなどの技を見ることができる。時折、背中から汗が流れ出るのを感じることもあるが、生徒にモデルを示すこと（モデリング）で生徒も教師も勉強になる。

　ここで大切なのは教師の（ある程度）絶対的な英語力である。英語母語話者でないので完璧な英語力は無理にしても、その場で解いてあげられる、その場で書いてあげられる程度の英語力が必要である。そのためには日々の自己研鑽が必要である（自戒を込めて）。

5. 授業以外の仕事

　英語教師の仕事はもちろん授業だけではない。まず授業前には教材研究をしなければならない。実はこれには授業以上に時間がかかる。じっくり教材を吟味することに加え、効果的な予習を促進するための補助プリントや授業後の定着度を確認するための復習テストを作成する。また、定期考査や実力考査などの試験問題作成、朝学習（いわゆる0時限目の授業）の教材作成、土曜講座（土曜日に行われる補習授業）の教材作成、毎日課題（B5版1枚程度の

読解ドリル）の作成に追われる毎日である。いわゆる自転車操業のため、実際には使用する前日にようやくできあがるといった具合である。課題を作れば提出状況をチェックし、テストを作れば採点をしなければならない。まったく息をつく暇がないくらいである。

6. 主要教科としての英語

　大学進学を目指す生徒にとって、英語は主要教科である。英語は大学入試における配点のウエイトが高く、その出来不出来が合否を左右することが多い。となると、やはり気になるのが模擬試験の結果である。模試の後、定期的に模試反省会が行われ、それぞれの教科から反省点や今後の取り組みについてなどが話し合われる。結果がよかったときは笑顔で会議に臨めるが、そうでないときは肩身が狭い。そういう意味で英語科はなにかと注目される。模試の結果くらいで一喜一憂してはいけないが、やはり結果が返ってくるときは生徒同様、緊張感が走る。他教科の教員と給料は同じなのに、この余分な重圧と緊張感は何なんだ、と損をした気分になることもある。

7. 研修・研究の必要性

　英語教師の仕事量は多く、毎日慌しい。その忙しさに加えて大切にしたいのが研修と研究である。英語の指導法は日々進化していると思う。その証拠に高校時代に自分が教わったとおりの教え方ではもはや通用しない。英語の指導法は多岐にわたり、教材も多様であるため研修や研究が必要である。幸い、英語指導法のセミナーや研究会は全国各地で行われているし、指導法に関する書籍もかなり充実している。先日もある研究会に参加したが、このような指導研究会は英語のみで他教科では実施されていないらしい。常にアンテナをたてて情報を収集し、よりよい実践につなげていきたいものである。

8. 同僚性の構築

　大規模校に勤務すると、1つの学年を数人の英語教師が担当することにな

る。担当する教師によって授業進度や授業方法が異なると生徒の間に不平等性が生じてしまう。同じ教材、方法、進度で授業を進めていくためには事前に綿密な打ち合わせが必要である。本校では毎日、今日の授業はどこまで進んだか、生徒の反応はどうだったか、教材やタスクの難易度は適切であったか、どの部分で授業が盛り上がったかなど、井戸端会議的に情報を交換している。学年担当者が歩調を合わせて同じように授業を進めていくと、出張などで授業ができない場合は代行をお願いしやすい。また、他の教員、あるいは他校の教員に授業を公開することも大切である。他人の授業を見ることも見られることも勉強になる。本校は常に授業を公開しているので(学校訪問と称して来校される他校の教員も多いが)、気軽にお互いの授業を見せあう雰囲気があり、これも情報交換の一環といえる。これを佐藤(2006)は「同僚性」と呼び、「教師たちが学び育ち合う同僚性を校内に築くことが、教師の成長にとっては何よりも有効である」と述べている。

9. おわりに

　教師の仕事は実にたいへんであるが、授業の後、「今日の授業は分かった」とか「英語が好きになった」と言われるとほっとすることがある。また、「大学に合格した」という報告を受けるとなんともいえない心地よい達成感で、自分が合格したかのようなうれしい気分になる。私がいちばんうれしいのは、高校を卒業した後も一生懸命英語の勉強を続け、TOEIC の得点が伸びたとか海外の大学に留学したという報告を自慢げにする生徒たちと語り合えることである。教師という仕事は忙しいけれどやりがいのある、おもしろい仕事であると今改めて思う。

参考文献
佐藤学(2003)『教師たちの挑戦―授業を創る、学びが変わる』小学館
佐藤学(2006)『学校の挑戦―学びの共同体を創る』小学館

第 3 章　高校でのさまざまな実践

⊠「進学校」での喜びと苦労　2

渋谷教育学園幕張中学・高等学校　阿部清直

はじめに
　「進学校」といっても様々な学校があり、その現状は一様ではない。私が勤務する渋谷教育学園幕張中学・高等学校（以後は渋谷幕張と記述する）は千葉県千葉市美浜区にある 1983 年創立の共学校である。生徒のほぼ全員が 4 年制大学進学を目指し、多くの卒業生が難関国公立大学や早稲田、慶應などの私立大学に進学する。入口である中学入試は年を追うごとにし烈さを増し、現在では首都圏の中学入試偏差値では最上位のグループに入っている。

1．入門期（中学 1 年〜中学 2 年）

　激烈な競争をくぐり抜け、入学を果たした生徒とその保護者は多くの期待を学校に寄せることになる。どんな素晴らしい先進的な英語の授業をしてくれるのだろうか。国際的に活躍できる英語力の基礎をどのように築いてくれるのだろうか。また、我が子がしっかりと学業についていけているのだろうか不安でもある。そうした保護者に、自らの目で授業や学校生活の様子を見てもらうために渋谷幕張では 6 月と 11 月に授業公開日を設けている。大勢の保護者が来校し、授業を参観していくわけだが、とくに中学 1 年の英語の授業では教室の後ろは立錐の余地もないほどである。そうした中で授業を行うのは誰にとってもかなりの重圧となる。また、授業参観後の感想を所定の用紙に記入することも勧められているので、保護者は様々な意見、感想を書いていく。多くは、「レベルの高い学校で我が子がついていけるかどうか、不安だったが、楽しそうに授業を受けている姿を見て、安心した」とか「大きな声で英語を発音し、明るい雰囲気で授業が行われ、自分も受けてみたと

いう気持ちになった」というような肯定的な意見が多いのだが、中にはなかなか辛口の意見も見受けられる。「もっときちんと文法を教えてもらいたい」「○○先生の授業は△△先生の授業と比べると、生徒に覇気がない」などであるが、自分の授業に対して寄せられたコメントはたとえどんなものであろうと、貴重な宝だと考えよう。自分では分からない授業の側面に関して気づかせてくれる契機となるからだ。

　中学1年を担当して一番大切なことは何だろうか。中学入試を突破してきた生徒たちも外国語の学習を本格的に始めるのは中学校からである。そこでは塾で鍛えてきた解法テクニックも積み上げてきた知識も使えない。英語に関しては皆がほぼ同じスタートラインから始めることになるので期待も不安も大きい。そうであれば、何よりもこの新しい教科を嫌いにさせないことである。これまで問題を解き、たくさんの知識を覚えることで自らの学力を認識してきた生徒には、語学の学習は勝手が違う戸惑うことも多い。最初は簡単なことから入るため、ついつい油断してサボってしまう生徒も出てくる。そうした生徒が生まれるのを防ぐには、毎日の授業を充実させるしかない。でも、どうやれば？　まず、教室をコミュニケーションの場としてしっかり意識させよう。新出の文構造の提示法を一工夫してみよう。明示的に「さあ、今日は過去形を勉強するよ」ということもできるが、たとえば既出の現在形の文と新出の過去形の文を見せ、その違いを生徒自らに気づかせるのである。その際、教師は生徒に「この2つの文はどこが違うかな」「today が yesterday になっています」「それだけかな」「call が called になっています」「そうだね。today の文はいつのことを話題にしているの」「今」「じゃあ yesterday の文は」というように帰納的に理解させるのである。こうした自らがルールを発見していくという態度を入門期から培っていくことが、単調さを回避し、生徒が参加できる授業を作っていくことになる。

　中学2年は生徒が新しい環境に慣れ、よい意味でも悪い意味でも手を抜くことを覚える時期である。1年の頃の印象で英語はくみしやすい、と毎日の復習をさぼった生徒は2年になると授業に集中できなくなってくる。渋谷幕

張中では検定教科書を使用しているが、中1、中2の2年間でBook 1からBook 3まで終わらせる。英語は週6時間（そのうち1時間は英会話）あるとはいえ、そのペースは速いと言えよう。ここで放置してしまえば、生徒の苦手意識は増幅され、それゆえに英語学習を避けがちになる悪循環に陥ってしまう。この時期に必要なことは同じ学年を担当する他の英語教員との連携である。テスト前後の補習や通常の居残り補習などを学年で足並みをそろえて行うのである。自分の担当教員だけでなく、学年全体で英語の不得意な生徒をなんとかしようとしているのだというメッセージを伝えることで、生徒にもう一度英語への意欲をかきたたせ、立ち直る機会として欲しい。

　この入門期での英語を学ぶ姿勢、きちんとした学習習慣を確立させることが中高6カ年の英語学習の大半は決まる。それだけにこの時期を担当する教員の責任は果てしなく大きい。6年間を見通して、どのような英語力を身につけさせるのか英語科教員全員で話し合い、各学年ごとの到達目標を明確にし、それに応じた活動や、副教材を検討すべきである。ベテラン教師の経験に依存するのではなく、若手教員ならではの柔軟な発想も取り入れられる活発な教科会をつくり上げていくことが求められる。

2. 発展期（中学3年〜高校1年）

　渋谷幕張中では中学3年時に英語Ⅰの教科書を使用して週5時間英語の授業が行われ、それに加えて英会話の授業が1時間ある。中学用の教科書から高校用の教科書に変わり、生徒には少なからず動揺が見られる。その第1は1課あたりの新出語句の数の増加である。通常Lesson 1は中学からの橋渡しの性格を各教科書とも持たせており、新出語句は少なめだが、Lesson 2以降は40語を超える。この語彙の問題は生徒、教員双方にとって頭の痛い問題である。学校によっては教科書とは別に単語集を持たせ、小テストを繰り返し行い、なんとかしっかりした語彙力を築かせようとしている。

　私たちの語彙力強化の柱の1つは多読である。ある語に出会ってそれが定着するまでには最低7回は再会しなければならない、という説を耳にし

たことがあるが、十分首肯できる。日本はEFL環境で教室以外では英語を使う必然性はない。その中で語彙を増やすには人為的に再会する機会をつくるしかなく、多読はそれにうってつけである。文構造や語彙をコントロールした多読教材を読むことで、既習の語句に出会うチャンスを増やし、あわせて英語を読む楽しみ自体を感じてもらえれば一石二鳥である。生徒には自分の興味に応じて読む本を選んでもらっているが、Oxford Bookworm series や Penguin Readers のような本であれば、1年に20冊以上読む生徒もいる。その感想などを読むと、教科の勉強として読んでいるというよりは、その話の内容に引き込まれ楽しんでいる様子がうかがわれる。

　もう1つの柱は暗唱練習で、教科書本文から指定したチャンクを正確な発音で教員の前で暗唱するものである。レッスンごとにチャンクのリストを配っておき、終了期日を定めて、生徒には休み時間を使って暗唱テストを受けに来るように伝えている。生徒は一気に言えなかったり、発音が正しくなかったら、合格にはならず、再テストを受けなければならない。真面目な生徒が多いので、休み時間は数人がテストを受けるために担当教員の研究室を訪れ、昼休み、放課後とそれは続く。うまくいっては喜び、思い出せなかったり、発音でダメ出しを出されてくやしそうな表情を浮かべる生徒を見るにつけ、努力を惜しまない積極的な姿勢に感服し、こうした生徒とともに学べる喜びを感じるのである。

　この中高6カ年の折り返し時期に問題になるのはいわゆる「ふたこぶラクダ」問題である。つまり、成績分布が上位層と下位層に二分されるのである。多くの中高一貫校は高校2年生までに高校範囲を終わらせ、最後の1年は入試演習に充てている。渋谷幕張では高校3年時には英字新聞や雑誌の講読、エッセイ・ライティングを行っているが、高2までの進度はそうした学校と同じである。英語が得意で語彙の習得、文法や語法の習得が順調にできている生徒がいる反面、中学の学習内容も完全には定着していない生徒もいる。こうした生徒は授業での活動に取り残され、分からないことが更に積み重なり、定期考査では苦い思いを繰り返すことになる。この悪循環を断ち、

彼らに再び英語を学ぶ喜びを感じてもらうには、中3高1時の教員の働きかけは重要である。日常の宿題、小テストの結果をこまめにチェックし、時には呼んで学習方法、生活習慣などを話し合い、さぼりがちなときは叱咤激励し、具体的な学習項目を指示してやらせることも必要である。定期考査で不振だったときは補習をして定着を試みるようにする。このような取り組みはおそらくどの学校でもしているとは思うが、教師側の思いほどは生徒の方は危機感がなく、なかなか有効な策は打ち出せていない。

3．完成期（高校2年〜高校3年）

　高校2年以降存在感を増してくるものは模試である。高2高3とも全員受験するのは年間3回だが、そのほか任意で大手予備校主催の模試を受けることになる。生徒は回を重ねるごとに自分の偏差値の推移が気になり、合格可能性の判定に一喜一憂する。また教員も自分の担当学年の生徒の成績と過年度の生徒との比較を注視するようになる。気をつけねばならないのは数字が勝手に独り歩きしてしまうことである。偏差値75も合格可能性A判定も受験したその模試での位置を示しているにすぎないことを生徒にはよく知らせなければならない。むしろ大事なのは、学習した範囲内で何が身についており、何がそうでないかを明らかにすることである。また、真面目な生徒にありがちなことだが、定期考査の成績はよいのだが、模試になると結果がはかばかしくないという悩みを聞くのも高2になってからが多い。範囲の定まった定期考査では、語彙の復習もし、教科書の文章もよく読みこんで、内容把握や文構造をよく理解し試験に臨み、好成績を得る。しかし、初見の文章ではそのストラテジーが使えず苦戦するようである。前述したことと重なるが、そのような生徒にはもう一度自らに問うことを勧めたい。授業において身につけるべきは何なのかということである。教員の説明を待ち、それを聞いて納得するのではなく、文構造、文章理解の両面で自分なりの仮説を立て、それを検証しつつ読んでいくような姿勢を強く求めるような指導が必要である。

高3になって、生徒は切羽詰まってくるといろいろなものを切り捨てる傾向が出てくる。自分が受験しようとする大学は作文の比重は軽いとか、自由英作文は出題されないなどと言いわけして、エッセイ・ライティングの手を抜こうとする。また、問題解法テクニックを練習したりする過去問演習を多くしてほしいという声も出てくる。だがそうした声に安易に迎合しない教員としての矜持を持つべきである。もちろん大学入試は人生を決定するかもしれない重要な関門だから、それを意識しない授業などは高3の時期にはありえない。しかし、それのみに特化した授業も同様にありえない。高3は中高6カ年の英語教育の仕上げの年である。その出口において大学受験を突破する技術のみを練習したのではそれまでの5年間の取り組みが大きく実を結ばない。かくして渋谷幕張では高3時にはリーディングでは、英字新聞、雑誌の講読、英米人作家の小説、エッセイの精読を行っている。また、ライティングで高校生として考えねばならない問題に真正面から取り組み、自分の意見や考えを適切に表現するパラグラフ・ライティングを体系的に学んでいる。生徒には授業の中で培われる総合的な力が大学入試の場面でも大いに役立つことを折に触れ、実例とともに示していきたい。

　進学校で教えることのプレッシャーとは何だろうか。難関大学に前年を超える合格者を出さねばならないというものだろうか。当然、そうではない。数値目標を掲げた途端、生徒は人ではなく、合格を勝ち取るだけの「タマ」となってしまう。学校経営者であれば、経営戦略上それは最大重要事項であろう。しかし我々は教員である。生徒1人ひとりの学びに責任がある。送り出す生徒1人ひとりが我々の卒業試験なのである。中高6カ年で身につけた英語を通して、個人差はあれ、視野を広げ、多様な価値観を認め、人の考えにしっかり耳を傾け、理解した上で自らの考えを臆することなく言ったり書いたりできる、そのような生徒を育てられたかどうか、それが問われているのである。

第3部
英語教師の意味ある人生

　生徒だけではなく、教師も成長する。若いときは、情熱だけで生徒と接していくこともできますが、年と共に教師としての「技術」が必要になってくるものです。若いときには出来ることが、年をとると出来なくなる一方で、教育という世界に身を沈めて初めて分かることも増えてきます。
　多くの先生方は、初任校でのことを思い出すと恥ずかしい気持ちになるのではないのでしょうか。授業のこと、クラス経営のこと、生徒指導のこと、どれを思い出しても私は岩盤を掘ってでも入りたいほど、恥ずかしいことだらけです。あの当時は、後先や周囲を考えることなく、情熱だけで「教師」をしていました。今なら決してやらないような「ひどい指導」もあったのにも関わらず、あの当時の生徒と、いまだにつき合いもあり、お互いによい思い出になっているのも不思議なものです。
　若いときには、色々な意味で不安定なことがあります。教諭という立場になるまでの不安もあれば、初めて教壇に立つときの不安もあります。初めて担任を持ったときは怖いものですし、担任としての初めての回りは最後まで見通しが立ちにくいものです。周囲にサポートされつつ、自己研鑽を重ねていく中で、安定した状態で授業に望むことが出来るようになり、どのようなクラスでも経営出来るようになってきます。そして、学校全体のことを冷静に見つめるようになり、若い先生のサポートが可能になります。
　このように考えると、教師の「成長」とは、年齢や立場に応じた適切な行動が出来るようになることでしょう。教師は自分の人生を教科書にしてする仕事ですから、この成長はその先生の生き方そのものであり、ごまかしはききません。多くの人から刺激を受け、自分で足りない部分を補い、試行錯誤を繰り返す中で、教師は「成長」＝「年齢や立場に応じた適切な行動」が行えるようになってくるものです。
　若いときには情熱で教育活動を行うことが大切です。その情熱に頼らなくてもすむような教師的メタ認知を育てていくことも、重要なことなのです。

（組田幸一郎）

第4章　教師人生のスタート

　2007年に内閣府が、「将来、なりたい職業」を小学生に尋ねました。その結果、学校の先生は男子では3位、女子では2位でした。学校の先生というのはそれだけ大きい存在であり、尊敬されていたり、慕われたりしている証拠ともいえます。実際に教員になる前は、生徒を大切にしながら、生徒にも尊敬される中で、授業を進められるものだと私は思い込んでいました。しかし、初めて教壇に立ったとき、初めて担任を持ったとき、そのような相互関係を作ることの難しさを痛感したものです。両者の温度差はよくあることであり、ややもすれば、日常という中で、教師を目指したとき、なりたてのときの思いは彼方に追いやられてしまうものです。しかし、この難しさに立ち向かいながら、このギャップを埋めていこうと、もがきながら、努力を重ねて、教師は成長をしていきます。

　この章では、教師志望の学生の方や教師人生を始めたばかりの先生方にスポットを当てています。「初めての教員採用試験」では、千葉大学教育学部と大学院に在籍中（インタビュー当時）の4人の学生に、教職を目指した理由や、どんな教師になりたいかという話をうかがっています。全員が教育に真剣で、かつ個性あふれる発言が読みどころです。「「臨任」としての実践」では出口賢一先生が、初めての校務を経験したり、授業の組み立てを試行錯誤したりしながら、教員間でのコミュニケーションの必要性について実際に感じたことを書いています。「新任英語教師の実際」では矢原孝則先生が、若さと情熱とを大切にして、生徒と真正面から向き合っている様子が行間からさえ伝わってくるパワフルな実践録となっています。「民間企業からの転職」では信用金庫から教師に転職をした山谷千尋先生が、漠然とした夢であった学校の先生になってから、民間企業での勤務経験を教育の世界に生かしている様子が描かれていきす

　現場の先生方が、真摯に現実と向き合う中で、自分のスタンスを確立させていく部分が読みどころとなっております。

　　　　　　　　　　　　　　　　　　　　　　　　　　　　（組田幸一郎）

⋅ 初めての教員採用試験

千葉県立成田国際高等学校　組田幸一郎

教員として過ごしていると、自分がどうして教師を目指したのか、そのきっかけはなんだったのかということを忘れがちである。教師という仕事を選んだときのあの感動や純粋さを思い出すことなどないほうが普通だろう。そこで、教師を目指している4名の若者に、教師になりたい理由や志望するきっかけなどをたずねてみた。

上原麻里：大学院2年生。新潟県出身、千葉大で学部・院を過ごして千葉を受験し、採用内定。
小川雄太：学部4年生。秋田県出身。
天野孝太郎：大学院2年生。長野県出身。長野県を受験し、採用内定。
廣野翔平：大学院2年生。千葉県出身。私立高校への就職が決まっている。

司会：本日は、お忙しい中、ありがとうございます。若いときにある純粋さや思いを、今日はお話しいただければと思います。まずは、皆さんが教員になろうと思ったきっかけはなんだったのですか？　教員採用試験の面接

第4章　教師人生のスタート

みたいですが（笑）

上原：私は、高校のときの英語の先生との出会いですね。それまでは、単語は暗記だと思い込んでいたのですが、その先生は、接辞や語源を通じて語彙を指導してくださいました。系統だって覚えることで、英語を学習することに興味を持ちました。「いいから暗記しろ」というのではなく、生徒に納得させて、勉強を促すような教員になりたいと思ったのがきっかけです。

小川：教職を希望したのは、小学校の担任の先生にあこがれたことがきっかけでした。大学にはストレートで入学できなかったのですが、教職をあきらめなかったのは、憧れというか、いい先生にたくさんめぐり会えたことがきっかけです。その先生は、いつでも相談に乗って下さったし、悩んでいたときに気づいてくれたのがありがたかったです。

天野：私は出会った先生に憧れたというよりは、高校の時に友人に英語を教えたことがきっかけです。友人の成績が伸びたのを見て、教える側が工夫すればこんなにも成績が伸びるのかと驚きました。また、「分かった！」という時の友人の表情を見ると、嬉しかったです。

廣野：私は高校時代に出会った塾の先生がきっかけでした。英語は苦手ではなかったのですが、全て丸暗記でした。でもその先生は、enjoyの目的語は、どうしてto doではなく、doingになるのかなど、理屈で教えてくれて、とても納得できました。

司会：皆さん、いい先生との出会いや教えるというきっかけがあったのですね。では、皆さんが志望している教師とは、どのような仕事だと思いますか。もしくは、どんな教師になりたいですか？

上原：生徒が自分のまねをするというか、自分を見て、まねをされても恥ずかしくないような教員になりたいですね。

廣野：そうだよね。教師は、子どもの未来にかかわる仕事なので、医者並みに責任は重いし、教えたことは、プラスもマイナスも後に残りますから。

大きな責任のある仕事なのかなぁと思います。
上原：人間としても規範意識を持ち、英語力を高め、生徒のモデルとなるような教員になりたいと思っています。生徒が自分のことをモデルとしたいと思ってもらえるように、自己研鑽を重ねたいです。
小川：中学生は、先生の教え方で、英語が好き嫌いになるから、しっかりと授業をして、生徒に英語を分かってもらえるようになりたいですね。
天野：子どもを「変える」仕事だと思います。将来の社会の担い手に、自主性や積極性などを身につけさせる仕事だと思います。
司会：皆さんは、教師になって、具体的には何をしたいのですか。
天野：1つは、教科指導を工夫してみたいですね。もう1つは、想像力をつけたい。想像力があれば、他人の気持ちにも配慮ができるし、先を見通した行動も取れる。
小川：英語を教えたり、学級経営をしてみたりしたいですね。たくさんいる生徒をまとめること、たとえば合唱コンクールで何かを成し遂げたいと思います。そんなことに漠然とした興味を持っています。
廣野：まずは授業を大切にしたいと思います。それと、何かをつくり上げたりして、生徒と一緒に感動したい。これは他の職業ではなかなか得られない感動で、教員の「特権」だと思います。
司会：部活動には興味はありますか？
小川：それはとても興味があります。ソフトテニスを中学高校とやっていたので、自分も当時の顧問の先生のようにやってみたいと思っています。
天野：授業と部活動と両方が大切だと思うけど、割合を考えれば、授業にウエイトをおきたいですね。
上原：私は授業や部活動を通して、子どもが成長するところを見たいですね。単に学力をつけるだけでなく、言葉遣いが悪かった生徒がより他者を

第4章　教師人生のスタート

考えられるようになったり、そんな成長をサポートしきたいな。
司会：大学時代に「これを学んだ」というのがあれば、教えてくさい。
廣野：教室の「中」でも、「外」でも学ぶことも数多くありました。
司会：「中」や「外」？
廣野：はい。「中」では講義・演習を通じて、英語力をつけました。「外」では、友人や長期研修に来られている現場の先生から学ぶことも多くありました。
天野：言語習得の理論や教授法です。英語の教え方を考える上での枠組みとモニターする視点となったので、よかったと思います。
上原：もちろん英語も勉強しましたが、心理学の授業からも学ぶことが多くありました。学習理論も大切ですが、対人関係や自尊感情の育て方など、今の子どもが抱えがちな問題と知っておくことがいいかなぁと思います。また、大学ではないのですが、ファミレスでのバイトから、相手を不快にさせないように、自分がどう振舞えばいいのかを学べました。
小川：スーパーでしていたのですが、言葉遣いの重要性を痛感しました。
天野：私も、バイト先など大学の外で色々な人の話が聞けたことや、実際に体験できたことも大きな学びでした。たくさん失敗もしましたが、それ自体も財産です。
小川：大学で学んでみて、高校まででやっていた授業に理論的なバックボーンがあるのだということが分かりました。私はバイトよりも「サークル派」で、土曜日に公園で子どもたちと遊ぶサークルに入っていました。夏休みのキャンプの引率では、保護者の視点を学ぶことができました。保護者にとって、子どもはみんな宝物なんですよね。
上原：私はサークルに入っていなかったけど、サークルで人間関係が広がったり、そこから得るものが多い

のかなぁと思うで、いまはサークルをやっていなかったことを後悔しています。何でもいいからやりたかったなぁ。友だちもできるし。

廣野：バイトに話を戻しますけど、塾講師がお勧めです。単に英語を教えるというのではなく、人に分かってもらえるためには、自分の中で整理する必要があることを痛感しました。内容がまともでも「見せ方」が悪いと生徒は前を向いてくれません。自分が分かっているだけじゃ、ダメなんですよね。

天野：バイトで責任の重い仕事を任されて、ミスできない仕事の厳しさを学ぶことができました。それがいい経験になっています。

小川：何でもそうなのでしょうが、「やらされている感」を持っているときには、自分にプラスになる学びは低かったですね。

　話の流れで、バイトやサークル活動で学びが大切だという流れになってきているけど、大学での学びが自分の中で「骨格」となって、サークル活動やバイトでの「血肉」の学びに結びついていくんじゃないかな。

一同：うんうん。

上原：授業を通じて、英語の教員になりたいという思いが強くなりました。それは、こういう風に教えたら生徒が分かるだろうなぁと思えたからです。バイトでいい体験だったことは、誰かから知識を与えられることが当然ではなく、自分で考えて、動くことの大切さを学べたことです。学校は、先生が色々と教えてくれるけれど、バイト先では自分でやるべきことを見つけて、行動しなければならないし、それに伴う責任も要求されてきます。働くとはこういうことなのだろうな、ということが分かったことがプラスでした。

廣野：理論的なことを学べるだけではなく、自分の英語力をアップできたから、大学での講義はよかった。それに加えて、自分が学びたいことは

何でも学べる大学というのは最高の場所だよね。

司会：これから教員採用試験もあるし、それに合格すると教壇に立つわけですが、採用試験に対する思いや、実際に教壇に立った後の不安はどのようなものがありますか。

廣野：教員採用試験の倍率が低くて入りやすいと「質の確保」が難しいと教職の講義で聴きました。確かにそうかもしれないけど、高すぎると、本当に熱意があって、力もある人が採用されるとは限らない。そういう人たちが教員になれるチャンスがあってもいいのではないかなぁと思う。

　それと、地元で育った人の方が、その土地に思い入れも強いのだから、東京都と千葉県がやっているような、地元で一定数を採用して、他の地方から定員の残りをとるというシステムが全国的に広がったらいいのではないか。

小川：教員の研修の時間が少ないとよく聞く。小学校英語に対しての日本の教員研修の時間は国際的に見ても少ないとも習いました。せっかく小学校から英語に接する機会を児童に持たせるなら、研修がもっと充実できるようになるといいですね。

上原：教員の雑用が多すぎると長期研修の先生方からよく伺います。部活や校務分掌もあり、休みなく働いているイメージがあります。よく言われることですけど、教員数を増やしてもいいんじゃないかな。教育には十分にお金をつけてもらいたい。質とのバランスが難しいということも分かるのですが、絶対数が足りてないのではないか。

天野：私も現場の先生から同じような話を伺いました。仕事が多すぎるので、早朝から深夜まで働いている。残業が140時間と聞くと、なんとか減らすことができないかなと思います。「雑務」の効率化ができればいいのではないか。

司会：では最後になりますが、皆さんはどんな教師になりたいと思いますか？

天野：教員とは、仕事の結果が見えにくい仕事であると思います。だからこ

そ甘えることなく学び続け、自分の仕事の結果にも責任を持てる教師になりたいと思います。

小川：生徒のサポートが十分にできるのはもちろんのこと、時には生徒側の目線に立ち、生徒がどのように物事を考えているのかをしっかりと把握できる教師になれるように日々努力していこうと思います。

廣野：生徒が「最大多数の最大幸福」を実現できるように、目の前の生徒が少しでも幸福になれるようにサポートしていきたい。

上原：子どもに最低限の生活（幸せ）を保障できるような教員になりたい。生活面やメンタル面などサポートもしたいので、勉強し続けていくつもりです。

司会：本日はお忙しい中、ありがとうございました。

第4章　教師人生のスタート

🔅 教員になって初めの半年間

出口賢一

はじめに

　「どうぞよろしくお願いします」
と言って、私は電話を切った。住んでいたマンションに帰ろうと、大学の駐車場に止めてある車へ向かって歩いていた時のことだった。今思うと、それは私の「教員としての人生」の始まりを告げる電話だった。

　今年の3月のある日、地元である鹿児島県のとある高校から、期限付き（臨任）教師として1年間勤務してほしいという電話をいただいた。残念ながらその年の教員採用試験で不合格だった私にとって、期限付き採用の連絡は待ち望んでいたものだった。電話を切った後まず感じたのは、「自分は教員になることができる」と言った喜びや、「教員になる夢がかなった」という感動ではなく、「採用してもらえてよかった」という安心だった。私は公立高校の教員志望で、私立高校の採用試験の受験やその他の就職活動をしていなかったので、4月からの進路が未定という状況だった。その将来への不安を抱いている中にいただいた採用の連絡だったので、電話の後はほっと胸をなでおろしたのを覚えている。

　その日まで私は「教師になるかもしれない自分」のため、英文法や教授法を見直すなど、漠然とした勉強を続けてきたが、採用の連絡以降は赴任する学校の情報をもとに、その学校で「どのような授業を行うか」考えを巡らせ、準備を始めた。しかし、大学4年生の3月という時期は、人生最後の卒業式や友人との思い出づくり、引っ越し、感動の別れといった人生の大イベントが目白押しだったため、準備はなかなか進まなかった。

　そうこうしていると、ろくに準備もできぬまま時間はあっという間に過

ぎ、すぐに4月の初出勤の日がやって来た。そして今、その日から約半年が過ぎようとしている。まさに光陰矢のごとしだ。この一瞬とも思える時間の中で、私は教師の卵として数え切れないほどのことを学んできた。その中からわずかではあるものの、私がこれまで感じてきたこと、苦労したことを述べていこうと思う。これから書かせてもらうことが、将来英語教師になりたいと思っている方々への一助となれば幸いである。

1. 教員になるということ──個人プレイとチームプレイ

　恥ずかしながら、私は実際に教員として働き始めるまで、教員は授業をするということ以外にどのような仕事があるのかをほとんど知らなかった。大学生の時に、先に教員として働いていらっしゃる先輩方に話を聞くと、決まって「授業なんて仕事の内のほんの一部で、その他にも仕事は山ほどある」という趣旨の話をされていた。このような先輩方の話に加え、教育実習先の先生方が授業時間外にも忙しそうにされているのを見て、教員という職業は「授業以外の仕事」がとても大変であるといった漠然としたイメージは持っていた。しかし、それがどのようなものかほとんど考えたことがなかった。今でこそ「授業以外の仕事」と授業や教材研究を並行して処理できるようになってはきたものの、その予想以上の仕事量に勤務当初は戸惑ったものだった。

　私は実際に教員になって、学校は「チーム」であるということをつくづく感じている。授業を個人プレイとするなら（もちろん教科内で連携を図ることは必要なので、すべてが個人プレイと言うべきではないが）、学校運営はチームプレイだ。そしてチームは「3年間かけて生徒を育てる」ことを目的とし、それぞれのチームメイトには役割が与えられる。その学校運営における「それぞれのチームメイトに与えられた役割」が「授業以外の仕事」であり、いわゆる「校務」と呼ばれるものなのだ。

　「教員には学校内での役割が与えられる」と聞くと、当然のように聞こえるかもしれない。しかし、この当然の部分が大学生の自分にはなかなか見え

てこなかった。4月から教員として互いに頑張っている大学時代の仲間と話をすると、それぞれの学校の様子や授業の話の他に、あんな仕事やこんな仕事が回ってきて大変だったという話が必ず出てくるものだ。それだけ、校務というものは教員という仕事の大きな部分を占めているのである。

　それでは具体的にどのような校務が存在するのだろうか。例えば、時間割から月、年間の行事などの管理をしたり、生徒の生活や安全、風紀などの管理をしたりといった大きな役割から、保護者との橋渡しとなったり、部活動の顧問をしたり、模試を行う際に業者に依頼して実際に模試を実施したりと、大きな役割から枝分かれした小さな役割も数え切れないほど存在する。そして、それぞれの教員1人ひとりがいくつかの役割を担っており、どれも学校を運営していく上で欠かせないものなのだ。それゆえ、それぞれの役割には大きな責任が伴う。与えられた役割を果たさないということは、学校運営に大きな支障をきたすことであり、学校全体に迷惑をかけてしまうことになるのだ。こういった意味で、校務というものは非常に重要であり、学校運営はチームプレイなのだ。

　もし、教員＝授業とばかり考えていたら、実際に教員になった時に出鼻をくじかれるかもしれない。むしろ、校務と授業は教員の仕事として同じくらいの重みを持っていると考えてもよいと私は思う。教員という仕事は、このようなチームプレイの要素を持つ「校務」と個人プレイ要素を持つ「授業」という大きな2つの部分から成り立っており、両者は全くの別物である。そして、教員になるということは、授業を行うことはもちろん、学校という組織に加わり、運営に携わっていくメンバーの一員になるということなのだ。

2. 英語教師としての授業づくりと実践
　　　—いかに「生徒が発する情報」と「自分が発する情報」を分析できるか

　私が赴任した学校は、普通科の他に、農業を勉強する学科、農具や機械を扱う学科、そして福祉科が存在する総合高校である。生徒の学力は残念ながらとても高いとは言えない。以上を(非常に)簡単な生徒の説明とさせていた

だいて、ここからは私が英語教師としてこの半年間がむしゃらに取り組んできたことを「授業づくりと実践」に焦点を当てて伝えていきたいと思う。

　教師は、自分が持っている知識を生徒に伝えるのではなく、生徒が必要としている情報を伝えることが必要である。この自明のことがなかなか容易ではないというのがこの半年間授業を行ってきた感想だ。忘れもしない人生で最初の授業、私は予め収集していた学校や生徒の情報をもとに授業を準備し、張り切って臨んだ。しかし、授業1発目にしてクラスの「ついていけてない」という空気を感じる羽目になった。自分なりに生徒の学力を考慮して考えに考え抜いた授業だったにもかかわらず、生徒が持つ知識のレベルと、私が発した情報が含む知識レベルには大きなずれが生じていた。このことを悟った瞬間から、私の「生徒たちの知識の目線に合わせた授業」、言い換えるなら、「生徒たちにとって理解可能な授業」づくりを目指すという長い旅が始まった。半年たった今、「生徒たちにとって理解可能な授業」が徐々に組み立てられるようになってきたと感じている。この段階までたどり着くために私は次のようなことを心がけた。

　まず、私は生徒たちの知識や理解レベルを知ることから始めた。そのために、生徒が発信する情報を敏感にキャッチするということを徹底的に行った。普段の授業や生活の中には生徒の英語の知識や理解レベルを示すヒントがたくさん転がっている。初めて回収した授業プリントでは、あまりの誤答や空白の多さに「これでは私の授業は受け入れてもらえるはずがない」と反省した。しかしそれと同時に、生徒発信の情報を分析することで、自分の授業を変えるヒントを見つけられるかもしれないという希望も見えた。私の学校では、英語の授業でよく小テストを実施するのだが、紙面を通してさまざまな「間違え方」を見つけることができる。その色々な間違え方を見て、「この間違え方は修正できそうだ」、「これはなぜこのように間違えてしまったのだろう」と考えを巡らす作業は、なかなか楽しいものであると私は感じている。この分析を経て組み立てた授業をしていると、ごくまれではあるものの、授業の中で生徒の「そうだったのか！」という表情を見つけることがで

きる。生徒は何も紙面だけではなく、表情や態度という形でも情報を発信している。このようなさまざまな種類の情報を色々な角度から分析し、それを積み重ねることによって、少しずつ生徒の知識や理解のレベルというものが分かってきたように思う。

　生徒が発信する知識や理解レベルが分かってきら、次は自分の発信する情報を見直さなければいけない。自分の英語の知識を1歩離れた所から客観視し、その知識の階段を、生徒の分析で得られた知識レベルまで降りるという作業をしなければならないのだ。

　文法項目1つをとっても、私はその項目の知識がゼロの生徒に向けて授業をするという設定で授業を組み立てる。そうすることで、「自分はこうやって考えているから君たちもこうやって考えるとよい」という自分の知識の押し売りを防ぐことができる。また、自分の知識とは関係なしに文法項目をゼロから見直してみると、自分がその項目を学んだプロセスと、これから生徒に発信するプロセスを別物として考えることができ、生徒に理解してもらうために必要だと思える部分だけを抽出して授業を組み立てることができるのだ。この「自分の知識とは別のところで、生徒に必要だと思われる知識をゼロから再構築する」という一連の工程こそが、私の考える「自分の知識の階段を下りる」ことであり、「生徒に目線を合わせる」という作業なのだ。これは生徒の知識や理解レベルの日々の分析によってなせる技だと私は考えている。

　このように、生徒の目線に合わせた授業をするためにはいくつかのステップがあり、それぞれのステップで「生徒の知識」と「自分の知識」をきちんと分析し、生徒が最も効率よく情報を受け取ることができる知識レベルを導き出すことが必要となってくる。その分析をもとに、こうすればもっと生徒は理解してくれるのではないかという自分なりの仮定を立て、それを授業で実践してみる。自分なりの実践に対する答えや成果はすぐに表れるものではないし、期待していたようなものでなかったりするかもしれない。しかし、試行錯誤しながら分析と実践を繰り返し、時には英語教育における諸先輩方

に知恵を借りながら、生徒にとってよりよい授業を模索していくことは、教師としてのやりがいであり、大きな楽しみでもあるのではないだろうかと私は感じている。

おわりに―コミュニケーション力と自己管理力

　私は先にも述べたように、公立高校の期限付き教員として現在勤務している。期限付き教員とはいえ、生徒から見れば1人の教員であることは違いない。また、学校内では「正規採用だから」や「期限付きだから」といった大きな区別は（実際にあることはあるのだが）ほとんどないように思われる。しかし、私が勤務した半年間の中に、「期限付き」という要素を意識して行動しなければいけない場面がいくつかあった。

　期限付き教員は、基本的に1年契約であり、生徒が英語を3年間学習するうちの1年間を担当するということになる。つまり、前年度は自分が担当していなかったクラスや、来年度は授業をしないかもしれないクラスで授業をするのだ。したがって、前年度の教科担からのクラスの引き継ぎはもちろんのこと、担当するそれぞれのクラスにおいて、自分が1年間かけてそのクラスに何をするべきかを英語科の先生方と話し合い、明確にしておく必要がある。その際に求められるのが、積極的なコミュニケーションであると私は思う。

　中でも、自分が意図している情報を的確に伝えたり、受け取ったりする能力や、自分から積極的に先輩方の教えを請うといった姿勢は、特に重要だと思われる。生徒が学ぶ3年間のうち、1年間だけを担当するということで、自分の役割についてしっかりとしたビジョンをもち、それを教科の中できちんと共有することが必要となる。その際に、先に述べたようなコミュニケーション能力や姿勢というものが重要になってくると私は感じている。

　他にも、期限付き教員に求められる能力として、自己管理力というものがあげられる。期限付き教員は、正規採用を目指して採用試験の勉強をしながら、教員としての仕事もこなさなければならない。一方で（私は）教員になっ

て1年目ということもあり、あんなこともこんなこともしたいと思いを巡らせることもあった。しかしその中で、自己の現在の能力と、理想の自分との間に存在するギャップにおいて、今の自分にできることとそうでないことの区別は非常に重要であると感じた。理想の教師に近づくために乗り越えなければならないタスクに対して、これは今の自分にはどうにも解決できない、もっと勉強が必要だ、など、自分がおかれた現状を踏まえて取捨選択しなければならない。授業の準備、教材研究、校務、自己を高める勉強、採用試験の勉強など、自分がやりたいこと全てに全力を注ぐことはできない。手を抜くということではなく、限られた時間の中で、いかに自分の能力に見合ったベストパフォーマンスができるか。言い換えるなら、自分が現段階で持つ能力の限界を知り、かつ自分の中で伸ばせる能力や遂行できそうなタスクを選別し、それらに対して全力でアクションするという自己管理力が必要となってくるのだ。

　以上が私が教員になって最初の半年間に学んだことである。うまくいかないことばかりだけれど、毎日楽しく過ごせていることに喜びを感じると同時に、これからももっと教員という仕事の楽しさを感じていけたらと思っている。

5 臨任での学び

埼玉県宮代町立須賀中学校　奥住桂

1. 無職のまま大学を卒業して

　準備不足で臨んだ大学4年生での教員採用試験は予想通り不合格。しかし大学の免許課で、多くの方々が何年も臨時的任用教員(以下、臨任)として現場で働きながら採用試験を受け続けていることを聞き、自分も同じように臨任でがんばっていこうと決めた。

　地元の教育委員会や教育事務所に書類を提出して臨任の希望を伝えておいたので、3月に少し遠方の教育委員会から誘いがあった。しかし「もう少し近いところからも声がかかるかも」と楽観して断ってしまったら、その後誘いの連絡はなく、結局どこにも決まらないまま4月を迎えることになってしまった。

　「今年は塾講師で食いつなぐか」と思い始めた4月の中旬に、突然近隣の教育委員会から声をかけていただいたのは幸運としか言いようがない。教員の数は4月上旬の在籍生徒の数で決定するため、急な転入生が来た学校で、教員が1人追加で必要になったようだ。私の教員としてのキャリアは、こうして1人の転入生によって偶然にもたらされたものだった。

　打ち合わせのために呼ばれて行った職員室で、「じゃ、明後日から授業よろしくね」と教科書を渡された。実は教育実習も高校でやっていた私は、中学校での授業を全然イメージできずにいた。この時になって初めて、「自分が本当に教師になるのか」「自分が授業をしなければならないのか」という当たり前のことを実感し、その責任が乗り移ったかのように、教科書がずっしりと重く感じたのを覚えている。

2. 見よう見まねの1年目

　学生時代に塾講師のアルバイト経験が長かったので、とりあえず「説明する」「字を書く」「話をする」のはなんとかなる気がしたものの、「生徒を動かす」なんてまったくやったことがない。中学校の授業と言えば、自分が中学生だった頃のイメージしかない。最初の授業こそ、自己紹介などで乗り切ったものの、次回からどうしようかと途方に暮れた。

　そんな私が頼ったのは、同じ2年生を担当するベテランの英語教師だ。不安に佇む私に、その先生は「私はこれを使ってやりますよ」と授業のワークシートをくれた。時間割の関係でなかなかお互いの授業を見に行くことはできなかったが、毎回手渡してくれるワークシートからその先生の授業を垣間見て、少しずつではあるが「中学校の英語授業」の基本フレームワークを本当に見よう見まねで学んでいった。

　その先生の授業は、生徒が発話する機会を増やすアクティビティが中心。2種類のワークシートを配布してペアの間にインフォメーションギャップを作り、インタビュー活動をさせ、結果を英語で書かせるといったスタイル。でも「生徒を動かす」ことができない私は指示や指導が徹底できず、生徒は英語を使わずにプリントを見せ合ってしまったり、日本語でやりとりしてしまったり。クラスの雰囲気によって音読の声も大きく違ってしまい、自分の「指導力」のなさを痛感する日々が続いた。時には思い通り生徒が動かなくて、生徒とぶつかってしまったこともあった。その時は担任の先生に間に入ってもらって、なんとか前向きに授業に参加してもらえる状態を取り戻した。

　そんな中で一番刺激的だったのは、ALTとの関わりだった。最初の学校では、6人も英語科教員がいたにもかかわらず、職員室ではALTの隣の席を与えてもらった。もしかしたら押しつけられたのかもしれないが、これが本当に勉強になった。

　授業でALTに何かやってもらうためには、とりあえず打合せをしなくてはならない。もちろん英語で、である。これでずいぶん自分の会話能力が鍛

えられた。当時の私は、文法用語の英語訳さえ知らなかったので、必死に勉強して、なんとか英語での打合せを繰り返した。そのうちに、趣味の音楽の話や、反対にALT自身の日本での生活上のトラブル相談など、幅広い話ができるようにもなった。長期の海外留学経験もない私にとっては、初めての日常的な英語使用経験となり、英語教師として生徒の前に立つ上で、大きな自信になった。

　幸い素敵なALTにばかり巡り会えたので、彼ら彼女らは、私のよきコーチとなって、英語を教えてくれた。正直、臨任時代は、「教える」というより自分自身が「学んだ」時間だったと思う。

3. 2回めの2年生

　この年の教員採用試験も不合格だったので、翌年の4月、私は臨任として2年めの教師生活に入った。人事異動により市内の別の中学校に移った私は、またしても2年生の担当になった。

　正直、これは幸運だった。昨年度、見よう見まねながら自分なりにがんばったものの、やっぱり思うようにできなかった悔しい思いがある。もう1度2年生を教えられるなら、今度はこうやってみよう、こんなこともやってみたい、という思いがあった。そんな私に、すぐにリベンジする機会をいただけたのである。

　今になって思えば、こうやって1年勝負で思いっきりできる、仮にうまくいかないことがあっても別の学校で心機一転やり直せる、というのは若い教師が（1年単位で学校を移ることが多い）臨任として教壇に立つ「メリット」とも言えるのではないか。同じ生徒たちに卒業まで関わって行くという経験は積めなかったが、その代わり同じ学年を連続して担当したことで、教科指導の技量を上げることはできたと思っている。

　その一方で、2年めの授業がうまくいくたびに、うまくいかなかった前年度の生徒たちのことを思い返す。この成功体験を味合わせてあげることができなかった彼ら彼女らに申しわけなく思うのだ。生徒にとってはたった1度

きりの中学2年生。この授業もたった1度きりなのだと思うと、自分がやっていることの責任の重さを再び実感してしまう。

2校めを経験して、もうひとつ学んだことは、学校が違えば生徒も違う。生徒が違えば、前年度うまくいった活動（教材）でも、うまくいかないことがある、ということだ。前の学校でも、クラスによって反応が違うことは感じ取っていたものの、駅前の大規模校から農村部の小規模校へ移ったことで感じた生徒の反応の変化は、私の想像以上だった。「異動は最大の研修」と先輩教師が言っていた意味がよくわかった。

もし学生時代にストレートで採用試験に受かっていたら、5年程度は最初の学校にとどまるだろうから、少なくとも5年間はこういう経験をできなかったかもしれない。そう思うと、採用試験にストレートで合格できなかった負け惜しみではなく、臨任の経験は私を大きく育ててくれたと思っている。

2校めでは、私1人で2年生を担当したので、今度は私のやってみたい活動を授業に取り入れることができた。もちろん、1人で考えなければならないことが増えたが、副担任のため担任業務もなかったため、（もちろん学年・学校の校務分掌はあったものの）部活動の指導を終えて生徒も帰ったあとは、教材研究に没頭する時間がたくさんあったのがありがたかった。この時期にたくさんのワークシートを作り、イラストや単語カードなどの教材も作ることができた。本採用になってから担任を初めて持った年も2年生を担当したが、事務仕事が忙しくてなかなか教材研究に時間を割けなくなった時、私を助けてくれたのは、この臨任時代に蓄積した教材や活動のアイディアだったように思う。

4. 臨任だからできること、臨任のうちにやっておきたいこと

幸運にも私はその翌年から本採用として働くことができるようになった。2年間の臨任時代は慣れない授業をこなしつつ、土日は部活動に勤しみ、その合間に採用試験の勉強に取り組むという体力的にも精神的にも苦しい時期

だったとは思うが、結果として私はこの2年間が貴重な経験になったと思っている。

「1年勝負でやり直せること」「様々な生徒に出会えること」などのメリットをここまでに挙げてきたが、振り返ってみると、他にもたくさんのことを学べたと思う。それは、生徒との「微妙な距離感」のせいかもしれない。

不思議なことに、生徒たちは若い臨任の教師をなんとなく見抜き、「先生と生徒のあいだの存在」として接してくるようになることがある。放課後の教室で生徒が他の教師への不満や愚痴を漏らしたりすれば、「おれも先生なんだけどなぁ」と思いながらも、話を聞いたり、なだめたりと最前線でカウンセリング的な役割をこなす。生徒の中では「友達」か「お兄さん」のような存在になってしまうこともあり、もちろん、教師として接するからにはただの「お兄さん」のままではまずいのだけど、こうやって生徒の一番近くで関わることで、生徒のリアルをどう感じて、何を願っているのかを肌で感じることができたのは、本当に貴重な経験であったと思う。そして、そういう存在によって「ガス抜き」ができている生徒もいるだろうと思うと、多くの教師がチームを組んで取りかかる教育というミッションの中で、地味だけれどとても大切な役割を果たせていたのではないか。

本採用になって担任をやるようになった私のもとには、寂しいけれど以前ほど生徒も無防備に近づいてこなくなったように思う。だから率直に若い先生方を羨ましくも思うこともある。でも、あの頃の私が担っていた役割を、今度はもっと若い臨任の先生方が請け負ってくれているわけで、私も今度は当時先輩教師やっていた役割をしっかり果たしていかなければならないな、と思う。きっと、こうやって学校は廻っていくのだろう。

思えば、大学4年生の時に就職活動で希望の会社に入れなかったり、希望の職種に就けなくても、受かった中から現実的に働き口を決めて行く友人たちに比べて、教師を目指す人たちはこういう制度があることで恵まれているとも言える。いろんな学校の雰囲気やシステムを経験できて、しかもちゃんとお金ももらいながら、自分の夢に向かって再チャレンジできるなんて、他

の職種ではなかなか存在しないシステムだと思う。

　一方で、働きながら採用試験を受けなければならないし、長くやっていれば採用試験に受かる保証があるわけでもない。若いうちは臨任としてもそれなりのお金がもらえて生活を継続していくことができるために、夢を諦めきれず、他の道での再出発を決断しづらくしている側面もある。

　それでも、いろいろな経緯で臨任や非常勤の立場で教壇に立つことになった人には、もちろん苦労は多いと思うのだけど、その立場でできる精一杯をこなして欲しいと思う。まずは何より生徒の近くにいて、生徒と一緒に活動すること。次に若さを生かして思いっきりやること。少しくらい失敗してもいいから、やりたいと思ったことをやってみるのが大切だ。そしてよき目標となる先輩教師を見つけて、どんどん相談すること。きっといろいろな場面で応援してくれるはずだ。臨任の立場で働くことになった若い先生方には、私の経験からそんなアドバイスを贈りたい。

5. 臨任を育てるということ

　臨任に限らず若い教師が成長していくためには、それなりの時間がかかる。私自身を振り返ってみても、正直言って臨任の2年間と本採用としての1年めの計3年間を思い返すと「一体何をやっていたんだろう」という恥ずかしい思いしか浮かばない。今でも臨任時代の同僚・先輩に会うのは恥ずかしいし、当時の生徒にも申し訳ない気持ちになる。まわりの先輩の先生方にずいぶんフォローしていただいたのだと思う。

　保護者や生徒もそうやってあたたかく教師の成長を見守ってくれるとうれしいのだけど、当然ながらそうもいかない。前述のように生徒の中学時代は「1度きり」だからだ。ベテラン教師だろうが、臨任の新人教師だろうが、英語を教わる相手としては同等である。美容師のように担当を指名できるわけでもないので、時には苦情や不満が募ることもあるだろう。

　だからこそ、若い臨任教師を現場に迎える本採用の我々は、「臨任をどう育てるか」ということに、真剣に向き合っていかなければならないと思う。

3　臨任での学び

そんな若い臨任教師をどう守り、どう鍛えていくか。

　本採用の新任教師と違って、仕事を教えても翌年には違う学校に異動してしまうかもしれない臨任教師に丁寧に仕事を教えたり、経験を積ませるためにと大きな仕事を任せることは、時に負担が大きいことかもしれない。それでも、これだけ職員室の年齢構成がいびつになっていて、先輩教師の経験や技術が伝わりにくい昨今では、若い教師の採用形態を問わず、出会えたその場所で伝えていくしかない、と思うのだ。私自身も臨任時代に先輩教師の方々にあたたかく迎え入れていただいて、たくさんの経験を積むことができたと思っているので、そのご恩をもっと若い世代に返して（還して）いきたいと思っている。

　先日、以前臨任として同じ学校で働いていた後輩から、「採用試験に受かりました。4月から本採用です」という連絡が入った。臨任として何年も経験した彼でも、やっぱり「初任者」の立場になることは緊張するそうで、電話でずいぶん長い時間話し込んだ。「大丈夫、あなたのこれまでの経験は、絶対無駄にはならないから」私はそう声をかけて彼を励ました。これまでの自分自身の経験を振り返るように、そして、これからの自分自身を励ますように。

第4章 教師人生のスタート

⊞ 新任英語教師の実際

岡山県立勝間田高等学校　矢原孝則

1.「高校の先生」として

　「教師は夢を伝えられる仕事だ」と大学の先生はおっしゃっていた。2010年4月から私は夢を伝える仕事に就いた。現在は岡山県の県北の総合学科と農業科を併せ持つ高等学校で勤務している。生徒は明るく、とても活発でいつでも100％以上のパワーで向かってくる。また、同僚性の非常に高い職場で、どこにいても安心感とやりがい、喜び、楽しさを感じられる学校である。

　私自身は、教員1年目を3年生の担任、サッカー部顧問、生徒課、生徒会係、情報企画係などといった様々な仕事をさせていただき、常にアドバイスを受けながら取り組ませていただいている。

　こういった仕事を通じて、教師は「夢と挫折のすぐ近くにいる仕事」だと感じるようになった。生徒1人ひとりが様々な事情を抱えながらも、目標や夢を持って行動している。特に3年生は、夢と挫折が連続している。その中で、大量発生してくる生徒1人ひとりの夢に気づき、サポーターになったり、ときには現実を伝えたりと高校の先生であることは忙しい。

2.「英語の先生」として

　「英語の教員として採用されているんだよ」「英語を通して、こんな生徒を育てたいという夢を持ちなさい」これらは教頭先生からいただいた言葉である。"高校の先生"であることに必死だった私は、教員生活が1ヵ月を過ぎたあたりから、いわゆる無難な「英語の先生」になっていた。その当時の指導案を見ても、忙しさにかまけて妥協の塊のような目標と指導内容を計画し

ていた。ときには指導案を一切書くことなく授業に臨むこともあった。そんなときに教頭先生からいただいた言葉。言葉というよりも言霊と言った方が正しいかもしれない。私は教頭先生から言霊をいただき、もう1度大学卒業当時の「英語の教師になれる喜び」を感じ始めた。

　高校の先生であり、英語の先生でもある。どちらも私の夢であった。そして今でも両方が揃ってこその私の夢である。若さのおかげで救われること、若さのせいで求められることなど様々である。この1年目という1度しかない新鮮な時期を、高校と英語の先生として毎日挑戦しながら送っているように思う。

3. 英語と「犬猿の仲」の生徒たち ─英語は存在しなくてよい存在

　「英語とか知らんし」「英語やこ、やらん」「修行じゃ」「英語やこいらんけ、みんな聞いとるふりしとるで」などと、最初の授業での英語に対する意識調査で言われた。これが英語教育に対する現実なのだと実感した。一番心にズシンときたのは、「先生はどうせエリートなんじゃろ。俺らの英語のわからなさを想像できんじゃろ？日本語も理解できんし、アルファベット全部書けんし、言えんで！」である。

　また、英語でわからないものを自由に言ってもらい、黒板に書いていったことがある。「アルファベットがダメ」「単語がダメ」「文の順番がわからん」「意味がわからん」「英語やこ日常生活でいらん」など様々な意見が出た。そのときほど、黒板がこんなに小さいものかと思ったことはない。きりがないほど出る英語への憎悪感、英語への不満。しかし、違う視点から考えてみると、英語が大嫌いで苦手な生徒たちが、自分の苦手なポイントをしっかり把握している点、それらを口にできる発信能力の高さは素晴らしいものがある。生徒1人ひとりは、英語は嫌いなのではなく、苦手で勉強の仕方がわからないだけなのだと感じた。そこで、生徒にかけた一言。「英語で何がしたい？」

第 4 章　教師人生のスタート

4．生徒の理想
　「英語で何がしたい？」という質問に答えが返ってくるまでの時間は 2 秒ほどであった。「外国人の彼女が欲しい！」と元気の良い男子生徒が答えた。私が次に「告白するかされるかどっち？」と聞くと、「告る！」と答えた。そして、私は「直接と手紙、どっちで？」と質問をした。「直接に決まっとるが！」この答えが返ってきたときに、この学校の英語教育は実際の言語場面を整え、発信、特に口頭での言語活動を中心に指導をすれば奇跡が起こるかもしれないと感じた。
　他にも、「洋楽を聞き取りたい」「英語が書けたら、かっこええ」「発音がしっかりできれば」などのたくさんの Want to と If が生徒の口から出てきた。
　たしかに、これまでの英語に対するイメージから生まれる苦手意識や嫌悪感はあるかもしれないが、それ以上に生徒が持つ理想や憧れというものには計り知れない可能性があると実感した。この可能性を生かしきるためにも、生徒がいつ発するかわからない Want to と If を敏感に感じ取り、生徒の「したい」と私の指導の目標と生徒への願いをつなげる努力をしなければならないと感じている。この努力は決して忘れてはいけないものではないだろうか。

5．「したい」と「させたい」の融合を目指して
　生徒が、いくら苦手意識や嫌悪感を英語に持っていても、必ず 1 つはしたいことや「それならできる」ということがある。そこで、生徒から出てきた Want to と If の中から実現可能なものを授業で扱った。しかし、ただやるだけでは、単なる面白い授業で終わってしまう。だから、どんな活動をするときにも私の願いを生徒に伝えている。
　たとえば、洋楽を聞きたいという意見に対しては、歌を聞くだけで終わらさず、聞こえてきた音をカタカナで表させてから自分たちで歌えるよう求めた。3 学期の授業でみんなの歌声を録音するというゴールを生徒に伝えてい

る。生徒の洋楽を聴きたいという要求と、私のどんな英語でも真剣に聞く姿勢を持ち、聞いたことを頼りに活動が出来るようになるという目標を融合させた形にある程度はなっているように思う。

　こうした指導を通じて、私は今の学校では、生徒に「わかる」授業というよりも、「できる」授業を提供していきたいと考えている。生徒は英語を記憶の中にため込んでいく能力が乏しい。そこで、「わかる」を積み重ねながらも結局は忘れられるよりも、授業中に「アルファベットが全部書けた」「1文を訳せた」「昨日読めなかった単語を読めた」「英語で表現できた」という自分の力を認められるような授業を作っていきたい。「できた」という気持ちが次の「わかりたい」という気持ちを起こすかもしれない。

　試行錯誤しながら、いつか私の「させたい」が生徒の「したい」になる日が来ることを楽しみにしている。

6. 感動のプレゼント

　1年も経たない間に様々な感動を経験することができた。

　ある英語Ⅰの授業で「〜してくれてありがとう」という表現を指導していたときである。男子生徒が「先生、「私たちを」って英語でどう言うん？」と聞いてきた。「usだよ」と伝えると、その生徒が習いたての文法を使って「Thank you for loving us. 矢原ティーチャ！」と言った。今でもあのときのあの授業の雰囲気を忘れることはできない。また、習ったことをその場で活用して自分の言いたいことを誰かに伝えるという態度を生徒から見ることができ、とてもうれしかった。

　その後すぐに、「理解する」という単語が問題になっていたのだが、同じクラスのある生徒が「俺たぶんできるで！」と自信満々に大声を出した。この学校でUnderstandが正確に書ける生徒、もしくは「理解する」が「Understand」だと分かっている生徒の人数は少ない。しかし彼は1文字のミスもなく正確に答えることができた。誇らしげな生徒の顔を見て、クラス全体が「どうだっ！」と言わんばかりの強気な視線を私に送ってきたとき、

涙を流した。同じ日の同じ授業で感動的なことが何度も起こり、ついに私は涙を流した。

　まだまだ私は生徒の可能性や能力を引き出し切れていないし、信じられていない。だからこそ驚きのあまりに泣いてしまったのではなかろうか。もっと生徒を信じて、生徒の可能性をいつも引き出せるような対応をしていきたい。

7．生徒は教師の指導の鏡

　感動ばかりではないのが現実だ。挫折を感じる場面の方が多い。定期テスト直後の授業ではいつもそうだ。

　テストを返却し、生徒と一緒にこれからの課題と方針を話し合うのだが、あるクラスでは点数が自分たちの成長を示していると考える生徒が多く、大変だった。「先生はいつも褒めるけど、結局点数はこんなもんなんじゃが！やる気が失せた」と生徒に言われた。英語への気持ちがマイナスからのスタートであったので、何かあると再びマイナスな自分に戻ってしまう。自分を否定されたような気持ちになっているのだろうか。このように、一朝一夕にはいかない指導の難しさを日々感じている。

　他にも、「去年までの先生の授業は」と、去年までいた先生の授業と比較をされるときにはとても悲しくなる。言語活動をしてみても、「去年の先生の授業はみんな静かで、落ち着いていた」と言語活動を否定される。生徒にとって、英語はコミュニケーションのツールではないのだろうかと、彼らが考えている英語像が理解できない時がある。生徒の「したい」と自分の「させたい」が結びつかないときには本当に辛く、どうしてよいのかわからなくなる。何をすべきなのかが授業中にわからなくなり、数分考え込み、何もしゃべることができなくなったこともある。自分の指導が独りよがりだったことに気づき、家で1人泣くこともしばしば。心の中で生徒を責めることもあった。

　教員は、どんなにうれしいことがあろうと、どんなに苦しいことがあろう

と常に生徒の可能性を信じないといけない。生徒は自分の指導の鏡であると最近感じている。生徒の1つひとつの行動は自分自身が作りだしているのだ。そう考えるようになってからは、自分の指導を客観的に見られるようになり、生徒の反応や感想、つまずきを自分の指導の改善に活かせるようになってきた。生徒は自分の指導の鏡。生徒が挫折しそうな時をピンチだとすれば、ピンチはチャンス。ピンチから自分の指導を振り返り、ヒントを掴み、次に活かせばよいのだ。

8. 伝えたいこと

　私がこの文章を通して伝えたいことは3つ。

　1点目は、若い時は感情的にということだ。私は、喜怒哀楽と感動を大切にしている。生徒からしてみれば23歳のお兄さん。一緒に、最高の思い出を作りたいという気持ちが生徒からも感じられるし、私自身、生徒と青春をしたい。教師が喜怒哀楽や感動を感じるときに感情を現わすのではなく、生徒が喜怒哀楽や感動を感じているときに同じ感情になる。教師という立場を忘れることなく、生徒の目線で感情を出す。こうすることが高校の先生であるため英語の先生であるために必要であると思う。生徒と同じ方向を向き、同じ絵を見て、同じ感情を抱く。私は、生徒のお兄さんになりたいと思っている。

　2点目は、自分の芯をしっかり保ち、生徒の話を聞くことである。若い先生に対して生徒はどんなことでも話をしてくる。自由に授業へのコメントや要望を伝えてくる。すべてを聞き入れていては教師としての芯がぶれてしまい、生徒の言いなりになってしまう。しかし、何気ない生徒の発言の中にある生徒がしたいこと、生徒が必要に感じているものなどはしっかりと聞き入れる必要がある。1人ひとりの生徒の意見を聞くのは大変だが、生徒との距離が近いからこそ生徒との会話の中からヒントが得られる。これは生徒の言いなりになるのとは違う。教師として、生徒に身につけさせたい態度や力などの目標を示し、目標に到達するための方法を生徒の意見を参考にしながら

考える。こうすることで経験の少なさを補うパワーを得ることができるはずである。

　3点目は、生徒は自分の指導の鏡だということ。大学で学んだことがすべて活きる環境や、大学で行った実習先の生徒が日本全国に存在するわけではない。そこで大切になるのが、これまで学んだことだけでなく、目の前にいる自分の授業を受けている生徒である。生徒の反応、成長、挫折ほど価値のある参考書は世界中を探しても見つからないだろう。生徒のことで悩むとき、解決策は生徒の顔に書いてあると思う。自分で見つけられないときは生徒と一緒に話してもよいだろう。英語を好きな生徒を育てるためには、自分が一番英語を好きでないといけない。英語の授業を意欲的に受ける生徒を育てたいなら、自分が一番意欲的に授業をしなければならない。夢を持つ生徒を育てたいなら、自分が一番夢を追い、夢に対してひたむきでなければ。なぜなら、生徒は自分の指導の鏡だから。

⊠ 民間企業からの転職

山谷千尋

1. 学生時代の誓い

「10年後はずいぶんと先に感じるとは思うけれど、口にした夢や目標は実現するものだから、具体的でなくても良いから少し先の自分を思い描き、10年後を少しでも意識しながら日々過ごして欲しい」

大学時代に所属していたゼミでは、そういう教授のお考えから、合宿の恒例行事として「10年後の私」を発表していた。

「今から10年後だと29歳。民間企業で3年以上勤め、その後教員免許を生かした仕事に就けると良いなと思います。せっかく取る免許なので、人生で1度は使ってみたいと思います」

大学2年生の時、そう言ったのを、今でも覚えている。

学生時代の私にとって教師という職業は気になる職業のひとつであったがどうしてもなりたい職業ではなかった。しかし、臨時的任用職員を経験する中で、絶対にこの職に就くのだと強く思うようになった。

2. 卒業後すぐ教員を目指さなかった理由

「学校」が好きで、教育実習生に憧れていたこともあり、教職課程を履修した。また、在学中シュタイナー教育について学んだ経験から、もし教育現場で働くならば「知識の教育」ではなく、「心を育てる教育」に携わりたいというこだわりがあった。そのためには「先生」という立場の人間は、それぞれが持つ特異な環境を受入れることのできる大きな器と子どもたちと本音で語り合える人間性が必要だと思っていた。その大きな器とそれに見合う人間性を養うためには、自分が好む環境だけに満足するのではなく、知らない

第4章　教師人生のスタート

環境で生きる人たちとも積極的に接し、興味あるなしにいろんなことを経験することが不可欠だと考えていた。と言うのは、大学生の頃友人の誘いで、自分の専攻とはまったく関係がなかった「屋上緑化」を推進する団体でボランティア活動を経験し、そこで知り合った方々から大きな影響を受け、知識も広がり、視野が広がったからだ。その時「他人から受ける影響でこんなにも考え方が変わるのか」と驚き、まだまだ知らない世界や価値観がたくさんあると気づかされた。多種多様な価値観や背景を持つ大人がいる社会を経験し、もっと自分を成長させたい、できるだけ多くの分野で人脈を広げ、引き出しを増やしたいと思った。このような経験から、特殊な環境にいきなり入ると偏った考えに凝り固まり、視野が狭くなってしまうと考えていたので、卒業後すぐに教師になりたいとは考えなかった。また、社会人を経験した後で先生を目指しても遅くはないだろうと考えていた。

3.　民間企業への就職

　就職活動を始めるに当たり、何が自分にあっているのか、どのような職種に携わりたいかを考えた時、大学での学びから「国際協力」に興味関心があったのでNGOやNPO関連の職に就きたいと思った。しかしボランティアの職しか見つからず、正規採用されるには社会経験や高度な知識・技術が必要で、採用されるのは難しいと気づいた。当時は新卒での正規採用にこだわっていたため、NGO活動に興味もあり、利益追求の企業体制へ反発もあったが、民間企業も視野に入れて自分の目指す道を考え直さなければならなかった。

　教育実習を経験したとき、先生は素敵な職業だなと肌で感じたが、どのような環境で生きていくにしろ「人とのつながりが一番大切だ」、「巡りめぐってくる機会を1つでも多く生かし人脈を広げたい」と思う気持は変わらなかったので、唯一受かった信用金庫に縁を感じ就職することに決めた。

　就職するとすぐに、社会人としての一般常識を1ヵ月かけて学んだ。先輩方からも書類整理や管理の仕方、机の上の片付け方など「仕事の仕方」につ

いてたくさんのアドバイスをもらい、日常生活の態度も注意され、社会人の厳しさを知った。

窓口業務では、多種多様なお客さまに接した。もちろん好意的な人もたくさんいたが好意的でない方もたくさんおり、窓口に出たての頃は怒鳴られるたびに手が震えていたが、窓口業務になれていくにつれお客さま対応に慣れていった。そして「なぜ怒っているのか」「どうしたら人は怒るのか」、「どうしたら怒るのを止められるか」など徐々に分かるようになった。この経験のおかげで応対の仕方がうまくなったし、他の人の話を聞くのも学生の頃に比べうまくなった。

初めての外回りの営業経験では、金融経験、商品知識、営業経験どれも未熟だった私は、数字が上がるわけもなく悩んだ時期があった。そのとき、上司から「初めて営業周りする人は、まずはお客さまと会話をすることを第一に考えろ。営業のポイントは、いかに人と上手に会話できるかだ」とアドバイスをもらった。知識ばかりにとらわれていた私には、「相手と会話をすること」の大切さに気づかされた。そして、「会話とは何か」、「私にはどのような個性があるのか」、どうしたら「心を開いてもらえる人」になれるのか」を深く考えるよいきっかけとなった。

それ以来、お茶とお茶菓子を頂きながらお年寄りの話し相手になり悩みや愚痴を聞き、戦争の話や100年前の地元の様子なども教えていただくようになった。そして、少しずつだが家庭の話を打ち明けてくれるようになり、「じゃあ、あなた任せるわ！」と言ってもらえるようになっていった。

これらの経験は、人との繋がりを大切にしたい、自分と違う環境に住む人の話をたくさん聞いてみたいと思っていた私にはとても貴重な体験であった。

しかし、営業の仕事を続けていくうちに、お金を介して人と接することに徐々に疑問を感じるようになった。前日まで仲良く接していたお客さまが急に激怒し、翌日からよそよそしくなるのを目の当たりにした時、お金あってこその関係というものがとても悲しく感じたのだ。

第4章　教師人生のスタート

　また、年金受給開始年齢を考えるために余命計算したり、年金受給者が亡くなると店舗の数字が下がるため、「げ！　また死んじゃった。来月どうするのよ!?」と思ったりしてしまうことが、尊い命を数字としか思っていないのではないかと負い目を感じてしまい、退職を決意した。

4. 学校現場への一歩目

　退職後、私は何をしたいのかと日々自問自答した。信用金庫で働くなかでは、たくさんの人の人生や財産、生死を目の当たりにした時が、やはりそうした日々の中で教育の大切さを実感する場面がしばしばあった。また自分を思い出し、「原点に戻ってみたい、やはり学校現場で仕事したい」と目指すものが漠然と見えてきた。

　すると、大学職員になるチャンスが巡ってきた。それまで、正社員として働いていたので「アルバイト」という立場はとても不安だったが、学校現場を経験するのによいチャンスだと思い快諾した。

　学生達の様子を間近で見ていると、「やはり、学校って良いな。将来のある学生が日々成長する姿を見るのは刺激的だ。感動的だ」と思うと同時に、「彼らの成長過程に関わりたい」と思うようになった。

　そのように感じ始めた頃、「まずは臨任として先生になったらどうか」と友人に勧められた。これで「先生になってみよう！」と新しい目標を見つけることができた。大学職員の経験を通して子どもと接することの素晴らしさに気づいた私は、いよいよ「学校の先生」になる決心をした。

5. 初めての授業

　先生になるための準備は何もせず、想いだけで「先生」になったのだが、2日間の授業見学の後、いきなり教壇に立たされることになった。教育実習以来6年ぶりの教壇はとても緊張し、授業中ずっと声と手が震えていた。

　教師になって最初に感じたことは、「嬉しい」ではなく、「怖い」だった。子どもたちが恐ろしいのではない、「大きな責任」を感じたからだ。学校生

活では当然のことだが、生徒全員がこちらを真剣な眼差しで見ていた。生徒は必死に何かを吸収しようと真剣な面持ちでこちらを見ていて、何かしゃべる度にうなずいて黒板に書いたことをノートにとっていた。そして、いくつものキラキラした純粋な眼差しが私に突き刺ささり、恐怖感を感じた。しかし、それはすぐに緊張感に変わり「この目を生かすも殺すも先生しだいだ」と強く感じ、これまで以上に先生という立場の重大さを実感した。

　昨日まで書類と向き合って仕事をしていた自分が「先生」と呼ばれることに嬉しくもあり恥ずかしくもあり、また「先生と呼ばれるだけの人間になれているのか？」と自問自答し、複雑な思いと立場を体感した。その反面、このようなプレッシャーを感じられる職業はなかなかないし、素晴らしい仕事だと感じた。

6．教師になって

　教師を仕事とするようになって、決まった時間に決まったクラスへ行き授業をするようになり、だんだんと生徒にとって目新しい先生でなくなると、教育実習で味わった生徒に対する可愛さは徐々に薄れていった。みんなが懐いてくれて、授業には積極的に参加してくれるという、感動だった日々は幻想だった。少しずつ、生徒の日常の姿が現われ、雨だと休むし、具合が悪いとわがままもぶつけてくるようになってきて、生徒たちが可愛いとばかり言っていられないとひしひしと感じるようになった。しかし、これらは悪いことばかりではなく「心を開く」ための前段階のようだった。そして、「会話をすることが大切だ」と言われたことを思い出し、できるだけ生徒を受け入れるようにし、何を訴えているのか、よく考え耳を済ませてみようとした。私が全てを聞き入れられなくても、私が生徒と向き合いたいと思っているということだけは伝わるようだった。

　教壇に立ったばかりの頃は、授業のコツを考えることも思いつかないし、指示1つにしても技術がいることさえも知らなかった。指示が伝わらなければ、活動もできない。やりたいことができないので悔しい思いをした授業も

あった。しかし、信用金庫で働いていた時の「経験がないなら会話をしろ」と同じ姿勢で、生徒が言わんとしていることを汲み取ろうと努力した。プリントを作ったり生徒ができる活動を少しずつ増やしたりするなど、工夫しながら授業改善をしていった。すると、授業中つまらなそうにしていた生徒が寝ないようになり、「最近、授業が楽しい」とも言ってくれるようになった。教科の授業は、知識しか伝えられないのではないかと考えていたが、少しの工夫で生徒のやる気を掻き立てることができ、心の教育もできるのではないかと嬉しく思った瞬間だった。

7．どんな経験も自分の糧に

　私が信用金庫で働く中で一番大切にしていた「少しでも会話をしよう」を教員生活でも実践した。そうすることで、生徒が悩みを打ち明けてきたり葛藤をぶつけてきたりする。このことは、生徒との距離が縮まるきっかけとなり、授業で教えているだけの関係ではなく、将来のことやこれからの生き方について話すなど良い関係をつくるにあたり強みになっている。また、時には暴言を吐いたり怒りを誰かにぶつけたりする生徒を目の当たりにしたときもある。生徒がどんな精神状態でも冷静に向き合い、生徒の状況把握をして対処することができるようになったのは、会話をすることが大切だと叩き込まれた営業の経験の賜物だと思っている。

　人との繋がりを大切にして人脈を増やしたい、色々な環境に触れて自分自身を成長させたい、心の教育に携わりたい、NGO関係の仕事がしたいなどと就職際に描いたこれらの思いももちろん無駄ではなかった。アジア方面への海外研修旅行、国内研修旅行では、国際協力施設へも訪問することができ、欧米だけに目を向けるのではなくいろいろな国に目を向ける必要があること、国際協力のあり方など生徒に伝えるすばらしい機会にめぐり合うことができた。今は、総合学習の時間で「NGO関係」の講座を開き、生徒と国際協力について学んでいる。人脈を増やしたいと思い、様々な環境に飛び込んできたおかげで、総合学習では毎時間のように知人との繋がりでNGO関

係の分野で活躍されている講師の先生をお呼びし、お話を聞かせていただいている。

　生徒は、活動内容は素晴らしいけれどお給料のよくない社会貢献関係の仕事やボランティア活動、違う国の人やまったく繋がりのない人を助ける仕事があることの意義にまだ気づいていない。そのうえ、そうしたいと思う人の気持ちを理解できないでいるが、自分とはまったく違った価値観を持ち生きている人のお話を聞くことは彼らがどう生きていきたいか、どういう大人を目標にしたいかなどを考えるよいきっかけになっているようだ。

　教師になるなら絶対に民間企業で経験を積んで、自分自身を成長させてからなりたいと考えていたものの、教科とも教師とも関係の無い職種の民間企業にいたので、教師になった時、今までの経験が生かせるのか、役に立つのか、正直心配だった。しかし、教師と金融機関は、まったく違った環境のように見えるが培ってきたものは無駄ではなく、やはりどのような環境でも経験したことは自分の糧になっていて、役に立つと日々実感している。

　いろいろな環境や立場を経験することで引き出しを増やすことができ、必ず自分を磨くことができる。教職に就きたいと思っている方々には、もし回り道をしたとしても、どんなことがあっても教職に就くことを目標に頑張ってもらいたいと願っている。

第5章　教師人生の本格化

　日常の中で、自分の理想をどのように実現していくか、若いときの情熱をどのように持ち続けるかということは、誰にとっても大きな課題です。経験を重ねることで、先が見えることは利点であることは間違いありませんが、早く結論付けをしてしまう危険性もあります。経験と情熱という両者のバランスを取りながら、新しい知識・能力を獲得しつつ、全体のことを少し引いた立場から眺めたり、判断したりすることは、教員にとって大切な「技術」の1つなのでしょう。

　この章では、担任を経験したり、立場が変わったりしたときに、どのように考え、どのように行動したかということについて、5人の先生に執筆をお願いしました。

　「最初の担任」では兼田幸恵先生が、情熱を持ち続けるための大切さや、日ごろの教師であることの覚悟について感じられたことを書いています。「2巡目の担任をする頃」では人塚謙二先生が、2巡目の担任を受け持つときの心構えについて、ご自分の経験を元に書かれています。「教員集団の「中堅」になる」では福島昭也先生が、研修や体験を通じて自分の意識が変わっていく中で「中堅的存在」になりつつあるが、年齢とは必ずしも一致しない役割としての「中堅」について自然な文章で書かれています。「中学校と高校を経験して」を執筆された高橋圭先生は人事交流で中学校から高校へと転勤し、「中学校の良さ」を高校でどのように根付かせていったかが読みどころです。「英語教師の大学院入学」では奥住桂先生が、教師になって13年目に大学院に入学されたことについて書かれています。大学院入学までの道のりから、学び続けることの大切さの実感までの「学生生活」について書かれています。

　誰しもが年齢を重ねる中で、今まで見えなかった自分の課題が見えてきます。それをどのように超えていくか、ということを意識して、ご覧ください。

（組田幸一郎）

⊡ 最初の担任

岡山大学教育学部附属中学校　兼田幸恵

1. 教壇に立った時から勉強が始まった

「教師にとって一番難しいことって何だと思う？」

教育実習に行かせていただいたときに、指導教諭が教育実習生の私たちに投げかけた最初の質問だった。「何だろう？」と考え込んでしまった私たちに、先生は力を込めてこう言われた。

「それは、「情熱」を持ち続けること」

教師になることに一直線だった私は、「教師が「情熱」を失うことなんてあるの？」と正直その時は思った。

当時、学生であった私にとって「勉強」は、教師になるという夢をかなえるための手段でしかなかった。でも、「勉強」の本当のスタートは、新採用として教壇に立った時から始まったのである。その時、「勉強」は何かを実現するための手段ではなく、「勉強」そのものに大きな価値があったのだと気づいた。「あぁ、私は夢を実現したのではなく、今からが本当の意味で「勉強」しないといけないのだ」と心からそう思うと同時に、知らないことが多すぎることに気づいた。教師には、教科を教えるプロとしての専門性が必要だ。そして、謙虚に他に学び、自己を向上させていこうとする姿勢が大切だ。「学ばない教師は教壇に立つ資格がない」という指導教諭の言葉は、教師になってからもいつも胸の中にあった。しかし、時間の管理がうまくできず、ずっと憧れていた「教師」という職業に疲れたこともあった。想いが伝わらないとき、自分を大切にできていない生徒に出会うとき、ひどく心が痛み、自分の無力さに何度も何度も涙した。生徒指導や部活動、校務分掌に多くの時間がかかる中で、日々の授業にかける時間はどんどん短くなってい

き、これでは駄目だと分かっていながらどうすることもできなかった。そんな心の葛藤の日々の中にあっという間に過ぎて行ってしまった新採用の6年間は、「情熱を持ち続ける」ことが容易でないことに気づいた時期だった。その後、現在の学校に転勤。今年3年目を迎えている。

2. はじめての教え子たちとの再会が教えてくれたもの

　先日、初めて担任をした生徒の結婚式の招待状をもらった。6年前の面影を残しながらもすっかり素敵な女性へと成長した姿に自然と目が細くなった。

　その時、受付をしていた教え子の成長した姿に感心し、「素敵になったね。今は、どうしているの？」と尋ねると「先生、仕事がないんよ。勉強できんけん、就職できん。就職試験がわからん。英語も数学もできんし」と。その時に、言葉がでなかった。一瞬、胸がズキっとした。そして、そのあとに口をついて出てきた言葉は、「ごめんね。先生たちのせいじゃな」だった。心から申し訳ないと思った。あの時は、自分たちなりに一生懸命にかかわっていたと思っていたが、結果として、彼女に「力」をつけることができていなかったのだ。それは、私の責任だと思った。

　今度は、他の子が話しかけてきた。「先生、覚えてないじゃろ。私、目立たんかったけんな」と。このとき咄嗟に、ある場面が思い出された。

　それは、教師になって初めての入学式の日。校舎入口近くの下駄箱でのある保護者たちの会話だった。

　「結局、学校の先生って、よく勉強できる子か、やんちゃな子しか覚えてないよね。この間、卒業したうちの子なんか本当に「普通の子」だったから、先生には全然かかわってもらってなかったわ」

　私は、ただただこの言葉を頭の中で何度も繰り返していた。

　そして、みんな1人ひとりにできるだけかかわろうと思っていたのに、最初の担任をしていた頃の私は結局のところ、この保護者の方が言われていた通りだったのかもしれない。教師の思い上がりではなく、先生とかかわりた

いと思っている生徒は多くいるのに、みんな教師に認められたいと思っているのに、今から思えば、本当に最初の担任時代はただがむしゃらに目の前のことをこなしていただけだったのかもしれない。すぐ目に入ってくるものばかりに気を取られ、冷静に全体を具体的に俯瞰することなど全くできていなかったのだと思う。今は、新採用からの6年間で出会った生徒や保護者の想いを忘れないように、今の学校で自分にできることは何かを考えている。

3. 新しい悩み

2校目である現任校では、初任校よりもバランスよく1人ひとりの生徒とかかわることができているという実感がある。近すぎず遠すぎず。しかし、今度はここで別の悩みも浮上してきた。日々の授業づくりにとてつもない時間がかかってしまうのだ。生徒に何を教えて、何を教えないのかを判断すること。どの流れで、授業を構成することがよいのか。この場面では、どのような学習活動がふさわしいのか。教科書はどのように扱えばよいのか。1つひとつに教師である自分だけでなく、生徒も納得できる理由が必要だ。ただ、なんとなく授業をしてはならない。自分が教育実習をしていたころは、ある意味で楽だったと気づいた。指導教諭の型にはまり、まずは、その型どおりに授業が実践できること、それが目標であったように思う。教育実習生であるその時の自分には、それで精一杯だったし、それでよかったのかもしれない。今思えば初任校もその延長だったかもしれない。今、教育実習生を指導する立場になった私は、その型を提示しなければならない。その型がすべてではないけれど、自分がその型を選んでいることへの責任は大きい。すべての活動にはねらいがあり、つけたい力がある。そのために具体的な手だては何が適切なのか。明らかに勉強不足であった。それを補うため、できる限りたくさんの先生の授業を参観したり、研究会にも参加し、そのたびに、自分の授業を改善しているところである。一体、「よい授業」とは何であるのか。この答えの出ないテーマに対しては、ただ勉強するのみである。100％納得のいく仕事などできはしないだろうが、「したいこと」と「しな

いといけないこと」を見極めて、時間管理もしていかなければならない。しかし、あらゆることにおいてあまりにも時間が足りず、情熱を持ちつづけることの難しさを一層感じるようにもなった。

4．尊敬する諸先輩の言葉

　ある時、この終わりのないとも思える授業準備や、この教師という職業に疲れてしまった。自分の考えに自信が持てず、また、指導力不足を痛感し、逃げ出してしまいたいとさえ思った。教師をやめることなどできるはずもないという思いが半分、そして、本当に自分1人がいなくなっても大きな問題ではないし、もっと自分の時間を別の使い方をしたいという想いも半分あった。日々、悶々としながら、自問自答の繰り返しだった。

　そんな時、私の考え方を変える言葉に出会った。本校に勤務していた国語教師の言葉である。

　　　しあわせとは「今、何を持っているか」ではない。「今、何を欲しがっているか」だ。いいクラスを作ったからといって賞金が出るわけでもない。
　　　いい授業をしたからといって賞状がでるわけでもない。名誉も地位も記録も何もかかっていない「授業」という営みに僕らは何を賭けるのか。それは、意地だと思う。1年間＆何十回という時間を過ごし、そして、一緒に過ごすために途方もない時間と労力をその準備に費やし続けたという意地だけである。意地などというものは紙切れ1枚にもならない。何も残らない。終わればすぐ消え去るだけのもの。それでよいのである。
　　　戦った試合が素晴らしければ素晴らしいほど、次の試合に向かうしかないのだ。どこに行き着いたかではない。どこに行こうとしたかだから。
　　　　　　　　　　〈岡山大学教育学部附属中学校　国語科　神頭亮太〉

なんだかとても報われた気がした。読み返す度に涙が出てきた。そして、同時に背筋がしゃんとした。自分の内からどんどんと「意地」がこみ上げてくるのを感じた。それは「情熱」の新しい形だった。私はただ、できない理由をひたすら探していただけだったのではないだろうか。「1時間の授業を大切にできない教師にはなりたくない」初心の気持ちがよみがえってきた。1時間の授業に真剣勝負で臨もう。そのためにどんな目標を立て、どのような手立てで、どのような力をつけるのかをしっかり考えよう。そう考えたとき、年間指導計画表の大切さがわかり、決して形だけのものではないことを身に染みて実感した。そして、学習指導要領の重要性も分かる。これらを無視して、授業を創ることなどできないのだ。ようやく、自分のすべきことが見え、地に足がついてきた気がした。まずは、1つひとつ整理していこう。3年間を見据えて、この時期の生徒に必要なことは何だろう。この時までにつけておくべき力は何だろう。この生徒たちのこれからの英語学習につながるものは一体何であるのか。ステップを踏んで考えていくと、どんどん楽しくなってきた。
　また、生徒の見方も変わってきた。生徒はまさに自分の授業の鏡であり、生徒の実態を正しく判断できないと、独りよがりの指導になってしまう。指導法の選択肢を増やし、目の前の生徒に必要な方法で指導を行い、考えさせ、力をつける。あらゆる生徒に万能な特効薬のような指導法などというものは、教育にはないのだ。最初の担任の頃にはおぼろげにしか見えなかった課題が次々に明らかになってきた。
　このような思いから、今は色々なセミナーに参加してたくさんの先生の実践を学ばせていただいたり、自分自身も英語の勉強会を行ったりと自己研鑽を積んでいる。友人の英語教師が、このようなことを言ってくれた。「たとえ、今すぐに自分がしたい活動の実践ができなくても、大切に自分があたためて持っておけば、必ず「時期」が来る」と。その通りだと思う。いま、何を持っているかではなく、何を目指して、どこへ行こうとしているかが大切なのだと思えるようになった。情熱を持ち続けるというのは「忍耐」に徹す

ることでもあったのだ。

5. 言葉の重み

　今、こうして、自分の教師としての歩みを振り返ってみたときに、人生のターニングポイントとなるところで心に響く言葉をいただいてきたことを再確認し、心からありがたいと思っている。それらは全て、私の心の中の引き出しに大切にしまわれており、絶妙のタイミングで思い起こされる。言霊とはよくいったものである。本当に、言葉の中には魂が詰まっていて、それは時として、人の人生を左右したり、根本から支えたりするような礎となることがある。生徒たちにも言葉を大切にできる人になってもらいたいと思う。そのために、言葉を扱う教師としても、自身がまず豊かな言葉を伝えられるように日頃から自己の感性を磨いておきたい。日々、学び続ける教師でありたいと心に誓っている。

おわりに

　新採用からあっという間の9年間。今改めて思うのは、英語教師として、これからも自分の専門性を高めていく努力をし続けることはもちろん、同時に1人の教師として人を育てているということを忘れてはならないということだ。生徒たちが将来、より豊かな人生を歩むために、きっと英語が一役かってくれるであろう。しかし、人から愛されないような人にはなってほしくない。そう考えると「英語」を教えることを通して、授業の中でも道徳教育や人権教育を充実させていかねばならない。どのような人になってほしいのかという願いが見えない授業は、人を育てる授業とは程遠い薄っぺらなものになると思っている。日々の授業の中の、小さなことの積み重ねなのだ。
　やはりもっとも大切なことは生徒を指導することにより自らも成長していくことであろう。私の好きな言葉に「大事なのは変わってくことと変わらずにいること」というのがある。不易と流行といってもよい。どんなに時代が変わろうとも決して変わることのないもの、変わってはいけないものが教育

の中にはある。そして、当然、時代や社会の変化によって柔軟に変化していかなければいけないものもある。柔らかさは、しなやかさになり、しなやかさはきっと強さになっていく。これから何年たっても、最初の頃の「情熱」はなくさずに、そして、しなやかな柔らかさを兼ね備えた強さを得ることができるよう自己研鑽を積んでいきたい。言うほどたやすいことではないが、それがこの職業を選んだ自分の「覚悟」であると思っている。私たちは、これからの未来を築いていく人たちに関わっている。そんな彼らに接している私たちが、夢や願いを持ち、諦めず、彼らをすぐ傍で支えている保護者の方々と協力して、共に育てていく覚悟が情熱を保つためには必要なのだ。

　教育とはきっと時間がかかるものなのだ。収穫には立ち会えないかもしれないけれど、今はできるだけたくさんの種を蒔いていきたいと思う。その情熱を、意地の形であれ、忍耐の形であれ、覚悟の形であれ、持ち続けたい。

2 巡目の担任をする頃

北海道洞爺湖町立洞爺湖温泉中学校　大塚謙二

1．2巡目への柔軟な適応力を持とう「郷に入っては郷に従え」

「最初の3年間が大切だからな！」「最初の3年間でその教師の基本姿勢ができあがるからしっかり頑張るんだぞ！」

先輩教師たちはよくこのように言ったものだ。振り返ると、この時期は生徒とのスタンス（心の距離の置き方、接し方）、教科指導の基礎作り、生徒指導の仕方、校務分掌の仕事、部活動への取り組みを一通り学び、そして、生徒が入学して3年経って卒業するという、学校のひとつのサイクルを学び終わる大切な時期でもある。

2巡目の担任をする頃は、早い教師で4年目、遅いと7、8年は経過し、2校目に転勤している頃かもしれない。後輩たちを見ていると、この時期になると、まだまだ謙虚にそしてエネルギッシュに頑張る教師、文句が多く楽な道ばかりを探す教師、もうすでにできあがってしまいなんとなく全てが受け身でリーダーシップをとれない教師、など様々だ。いずれにしても、この時期は大変難しいサイクルに入ってしまう教師が多い。それは、特に2校目に転勤して発生してしまう。2校目の壁、または、2サイクル目の壁である。

新卒で赴任し、何もかもが新しく、先輩教師に言われることはすべて絶対であると素直に信じきって、なんとか乗り越えてきた最初の3年。まわりの先輩教師たちも、後輩を育てるために色々なアドバイスをしてくれる。それに応えるために必死に仕事をして駆け抜けてきて、ほっと一息ついて、2巡目の新しい環境に来たときに、今まで一生懸命自分の中に築き上げてきたより所となる考えや指導方法、学校の常識が、新しい学校や学級では通用しなかったり、または、全く違っていたりすることに戸惑ってしまう場面に遭

遇してしまう。また、まわりの教師たちも、新卒ではなく、転勤してきた教師に対しては、数年の経験があるので、この人はある程度できるだろうと思い、それほど指導はしないことが多い。また、2巡目の担任となると、どうしても、前の学級との比較に陥りがちで、うまくいっている場合はよいが、そうでない場合は、前の学級では通用していたことが2回目の学級では通用しなかったりすると焦ってしまい悪循環に陥ってしまう。このようなわけで、2校目や2巡目の担任という状況では心が不安定になり、うつ傾向になったり、悩みを抱え込んでしまったりする教師が出てしまう。これが3校目や3巡目の担任となると、子供たちは地域、学級、年代によっても全て違うし、それぞれの学校には、それぞれの特徴や常識が存在することを素直に受け入れることができるようになるので、特に心配はない。このように、2校目の壁には特に注意が必要である。しかし、これは教師たちが皆、経験してきた試練であるし、かたくなな心と1巡目の経験で得た自尊心を捨てて、素直な気持ちで、謙虚に、柔軟に対応すれば何ら問題はない。

2．担任として「慈母敗子─教育は時には厳しさが必要である」

　私が担任をしていて、この頃に悩んだことは、優しさと厳しさの使い方である。具体的に言うと、叱り方である。若いときは黙っていても生徒たちは親近感を覚え、教師に近づいてくるものである。しかし、単なるお友達のように仲良くすると、厳しく指導すべき時に今まで良好だった関係を裏切るかのごとく反発されやすくなってしまう。そんな時に先輩教師のN先生は「担任は父親の愛情と母親の愛情を持って生徒たちに接しなさい」と教えてくれた。要するに厳しさと優しさを使い分けることだ。イソップ童話の北風と太陽を例に出し「生徒の心を開くためには、厳しさだけではダメだ。優しい愛情を持って接し、信頼関係を築いてこそ、本当の教育ができる。ただし、優しさとは何も注意をしない放任とは違う。目の前の生徒の人格形成において大切なことはきちんと教えなければならない」ということを言っていた。確かに、過去に放任している学級を見たことがあるが、表面的にはその担任と

の人間関係は良好だが、信頼関係はできていなかった。厳父の愛、慈母の愛という相反するものを使い分けることの難しさに直面する時期でもあるが「生徒のより良い人格形成をいかに援助することができるか」という気持ちを忘れずに色々な場面で生徒と接して対処することが大切である。諸問題に直面し、判断に迷って自分自身の判断基準がぶれそうになったら、「第一に生徒のためにはどうしたらよいか？」ということを冷静に判断して行動することが必要である。

　ところで、英語という教科は、コミュニケーション活動をさせたり、発音をさせたり、音楽と体育に言語学習を取り入れたような教科である。雰囲気としては一般的には明るく朗らかなイメージがある。しかし、担任をしていたり、生徒指導部を担当していたりするとなかなか、その雰囲気の使い分けに苦労することがある。これについては、もう単純にダメなことはダメ、社会で通用しないことは学校でも通用しないことを毅然とした態度で生徒たちに指導すべきであり、生徒と教師の人間関係の衝突は避けて通ることができない。もしも、ダメなことを注意できない、または、しないでいると、その他の正しく判断できる生徒たちのその教師に対する信頼感は消滅してしまう。このように、人を育てるためには「厳しさ・優しさ」という相反するものを使わざるを得ないので、一時的な関係悪化は承知の上で、生徒指導の場面と教科指導の場面では、例え厳しい指導をした直後であっても、その雰囲気を引きずることなく、我々がサバサバと切り替えて授業に臨まなければ、生徒たちは困惑してしまう。しかし、生徒が信頼している教師やダメなことはダメと普段から指導できる教師であるという関係ができていると、例え厳しい指導をしたとしても、注意をされた生徒は素直に非を認め、その生徒と教師の人間関係は悪化しない。若い教師は、生徒との年齢が近いだけに難しい部分である。付かず離れず位の関係がちょうど良いし、決して特定の生徒をかわいがることのないように普段から気をつけなければならい。また、意欲的に諸活動に取り組む生徒と問題を抱えている生徒は普段から接する場面は多いが、普通の生徒で大人しい生徒とは、コミュニケーションをとる場面

が少ないので、意識的に声をかけるように心がける必要がある。

3. 英語教師として「直感的から、理論的へ」

　２巡目の担任をする頃になると教師としても、生徒を動かす力、授業での指導力がついてくる。新卒の頃は「どうしたら生徒を授業に集中させることができるだろうか？」「教科書の本文はどう扱ったらいいのだろう？」という課題を持ち、次に「小テストはどうしたらいいだろう？　定期テストはどんな問題をつくったらいいだろう？」、「評価はどうすればいいのだろう？」半年もすると「授業がつまらない、なにか良い小技はないだろうか？」などと考え、２年目は、昨年の反省のもと「４技能の活動を意識して何か活動を入れよう」その次に来る目標は「生徒に力をつけさせたい」「生徒のオーラルコミュニケーション能力を高めたい」「生徒に英語を書けるようにさせたい」ということになるだろう。このように、教師としての力量が高まるとともに、英語教師としての目標が高まっていく時期である。

　最初の３年間は授業構成を必死になって考え、運良く１、２、３年と全学年の授業を行うことができれば、３年間の見通しをもって計画することができるようになる。また、最初の数年でこれは良い活動、これはあまり良くない活動ということが直感的に分かってくる。そんな時に英語教師としてステップアップさせてくれることは、第一に、効果的な取り組みをしている教師のセミナーに参加したり、本を読んだり、ビデオを見たり、授業を見せてもらうことである。一度自分の授業の世界から離れて、他の教師の活動を分析し、改めて自分の授業を客観的に分析することが必要である。そんな時には自分の授業をビデオに撮って見て、録音して聞き直すと、いかに自分の授業に無駄が多いかがわかる。また、各種研究会などの授業公開で授業を見てもらうことがこの時期はとても大切で、そのような緊張感のなかで授業をすることは自分が英語教師として大きく成長することは言うまでもなく、また、同時にその学級の生徒たちの成長にもつながるのである。是非、意欲的に授業を公開するように心がけてほしい。

第5章　教師人生の本格化

　第二に、英語教師になって数年経過したこの時期に、大学時代にあっさりとしか学んでこなかった英語教授法や第二言語習得に関する学習をすることがとても大切である。私自身思い込んでいたのは、大学の先生方は第二言語習得を色々な側面から研究をしているが、研究対象となる被験者は皆、意欲的な学習者であって我々の教育現場の状況とはかけ離れており、それらの研究成果から得ることのできる示唆は、学校現場では通用しないだろうということだ。また、第二言語習得の研究は必ずしも中学校、高校などで英語を教えている場合と同じではない目標になっていると思っていた。第二言語習得では、主に流暢に英語を使ってコミュニケーションできるようになること、そして、第一言語のように文法構造などをあまり意識せずに、それらを自動的に処理して目標言語を運用できるようになることを目指している場合が多い。しかし、中学校、高校では確かにそのような目標や学習指導要領で示された目標もあるが、それとは別に、生徒たちのよりよい進路実現のために高校や大学受験で少しでもよい点数をとらせてあげたいということも避けて通ることのできない目標の1つである。だから、第二言語習得の研究には興味がないという英語教師も多い。しかし、私自身が教職に就いてしばらくしてから大学院に行くチャンスに恵まれ、そこで第二言語習得について勉強したときには、目から鱗が落ちることが数多くあり、直感だけでは到底考えつかないようなアイデアがひらめいた。またそれが、どのような効果をもたらすのかを理論的に理解した上で、授業で実践できることは、自分にとっても、生徒たちにとっても大変有益であった。教師なら誰しも英語の授業は「おもしろい」と思ってもらえるように工夫しているが、目先のおもしろさをねらった 'fun' な活動よりも、生徒に力をつけさせるためには、英語学習はおもしろい、英語を使うことはおもしろいという 'interesting' なおもしろさを作り出してあげることの方が重要である。そこを考えて授業を構成することができるためには、やはり、言語教育に関する知識が有るのと無いのとでは大きな違いが出てしまう。学生時代は実際に生徒を前にして教える経験が無い状態で教授法について学ぶわけだが、実際に生徒に教えてから、改めて学

び直すことにより、それらの知識が本当に生きてくるのである。とにかく、繰り返しと気づきを多く取り入れた授業を目指して取り組んでほしい。

おわりに─「生徒との信頼関係の構築が全ての基礎となる」

　ちょうど昨日、2巡目の担任をした生徒たちとの同窓会があり、午前2時まで懐かしい面々と語り明かした。既に35歳になる彼らは、当時の私のこと、授業で歌った英語の歌、授業で行ってきた活動や発音指導の様子、とにかく事細かに当時のエピソードを鮮明に覚えており、20年を過ぎても、彼らとの人間関係や話し方もそのままである。長い年月を経ても、まるでタイムトンネルを抜けて過去に戻ったように、楽しい語らいの場を持つことができた。しかし、逆に、当時の辛かったこと、イヤだった先生とのエピソードなども必ず出てきてしまう。そんな彼らを見ていると、教師と生徒ではあるが、威圧的に教師としての威厳を振りかざす教育よりも、人生の先輩として、人と人との付き合いであることを認識して、適切な言葉遣い、内容、思いやりや愛情を持った態度で接し、信頼関係を構築し、よりよい方向に導くことが大切であることを再認識させられた。

　同窓会では、たくさん苦労している教え子、順調にここまで来ている教え子など様々ではあるが、いずれにしても今、彼らは皆大きく成長し、自らの力で生活する自立した大人になっている。そんな彼らとの楽しい時間を共有した直後にこの原稿を書いていると、いかに、単なるお友達ではなく、人生の先輩として彼らに接し、ともに笑い、ともに苦労し、ともに泣き、ともに成長させてもらいながら作り上げてきた信頼関係が大切であるかということを感じている。人生を豊かにしてくれるのはよい教師とよい書物との出会いである。教師という仕事を選んだ以上は、自分自身が生徒たちにとってよき手本となるように、日々努力することが必要である。昨晩、当時教えた英語の歌カントリーロードのカラオケを、みんなそれが当たり前のように歌詞を見ないで普通に歌っていたのを見て、とてもうれしく教師冥利に尽きる瞬間であった。

第 5 章 教師人生の本格化

⑤ 教員集団の「中堅」になる

東京学館高等学校　福島昭也

1．中堅って？

　あらゆる組織には中堅と言われる人間が存在する。しかし、その実体は非常に曖昧である。中堅という役職は存在しないにもかかわらず、中堅に対する期待や果たす役割は、どの集団でも大きいのではないだろうか。

　私がイメージする中堅は、とりあえず中年である。若手とベテランの間を考えると、どうしても中年とならざるをえない。中年の定義も難しいが、思い切ってここでは33歳以上とする。理由は私が生徒から最初に中年と言われた年だからである。若いつもりでいた中年君は大いにショックを受けたものである。しかし中年がすべて中堅というわけではない。ファーストフードのドライブスルーを利用する客のように、同僚に対しても生徒に対しても、要求するだけ、サービスを受けるだけの中年もいる。

　中年が中堅たりえるのは、様々なギャップを埋めつつ、組織全体を共通のゴールに導いているかどうかによっていると私は考えている。個人や世代によって人の価値基準はそれぞれ異なっている。個々にあるギャップをすり合わせて、全体のエネルギーをより統一した目的に向かわせる役割を担っているのが中堅であろう。そしてこのことで欠かせないのが、コミュニケーション能力と、ぶれることのない思考である。

2．私は中堅か？

　このイメージに合わせて自分を当てはめてみると、私は中堅なのだろうか。残念ながら自信をもってyesとは言い難い。

　私は創立31年の私立高校に勤務している。千葉県内に系列校が2校ある

のだが、公立高校ほどの異動はない。また定年が65歳ということもあり、私学にはありがちだが、ベテラン教員が多く、若手が少ない逆ピラミッドの年齢構成をしている。私自身も同じ職場に26年間勤務しているが、30代後半までは若手の位置づけであった。よく言えば和気あいあい、悪く言えばなれ合い。どこかのんびりしたところのある職場である。しかし、そんな職場をよそに学校を取り巻く環境は激変している。少子化のあおりを受け、本校もこの十数年、生徒確保が至上命題となった。

　社会人として半分以上をのん気にすごしてきた私にも、そのころから徐々に危機意識が芽生えていった。生徒や保護者の満足度向上、進学実績の向上、本校に対するマイナスイメージの払拭等々、自分なりの考えを発信し、いくつかは学校システムの中に取り入れられたこともある。しかし、その過程で「ま、いっか」「どうせ、理解してもらえないし」「説明が面倒だ」「他の誰かに」という弱虫な自分が少なからず顔を出してきた。そして、ときに無自覚なままドライブスルーを利用してしまうこともある。

　そんな、のん気で弱虫な人間を、自分の中堅に対するイメージに当てはめてみると、「中堅？」が適当なのではないかと思っている。

3.「中堅？」が中堅を意識した瞬間

　何年も前のことである。多くの私学が、少子化のあおりを受けて、このままでは立ちゆかなくなるという危機意識を持ち始めた時期がある。学校改革やスクールアイデンティティ（SI）という言葉が流行した。これによって、校舎の建てかえ、設備の拡充、制服の変更、共学化、教育内容の充実といったハード・ソフトを問わず、他校との差別化を図る様々な試みが一斉におこなわれたのである。本校でも男子校から共学化への移行を軸に、変化の波が押し寄せた。

　そんな中でミドルアップダウンという耳慣れない言葉を聞いた。管理職の決定に従うトップダウン方式に対して、中間層が原動力となってトップに働きかけ、学校全体を動かす方式がミドルアップダウンである。横文字を使っ

てはいるが、世間で言われる中堅教員の役割そのものである。中年になりかけの私も、気分だけは推進力の一翼を担っているつもりになっていた。しかし、この時点では中堅という言葉を意識し、具体的に何が求められているかを自覚してはいなかった。

 それは今から9年ほど前の4月であった。ある研修に参加するよう校長から指示があった。5月から12月までの第2土曜日、10:00から17:00までの研修を計8回受講せよとのことであった。私にとっては生まれて初めての本格的な研修であった。この研修には、千葉県内の系列3校と新潟にある系列1校の代表1～2名と他の私学2校、あわせて15名ほどが参加していた。公立高校であれば、初任者研修に始まり、経年毎の研修、教科指導の研修など、様々な研修を否応なく受けさせられるのであろう。しかし、私学である本校の場合、この種の研修は極端に少ないのが現状である。実際、この研修も経費の面から、3年後には打ち切りとなってしまった。

 さて、研修のタイトルは「中堅教員研修」。文字通り、中堅を自分のこととして意識せざるを得なかった瞬間である。同時に、他に適任がいるはずだと弱虫が顔をだしてきた。私はどちらかと言えば消極的で、コミュニケーションが不得手で、できれば研修という非日常的な活動には参加したくないと強く思っていた。往生際の悪さから悶々とした4月をすごした。

 5月に入ったころ、ようやく気持ちが前向きに動きだした。気が重い研修をスキルアップの機会と捉えるようになった。ここで私は次のことを決めて研修に臨むことにした。

 それは偏見を持たないことである。自分の持っている浅い知識に照らし合わせて内容を推し量らず、素直に吸収しようと考えた。教員経験が長くなった分、自分は教える側であり、教わる側ではないという妙な自尊心があった。薄っぺらな自信は、この際邪魔になるだけだと強く意識したのを覚えている。今でもこの気持ちは様々な場面で必要なことと頭では分かっているが、ついつい「私は先生ですよ」という上から目線の態度をとってしまうことがあり、反省することも多い。「先生がそんなに偉いのかっ！」と情けな

い自分を戒める日々が続いている。

4. 中年が「中堅？」に

　中堅研修の内容は、組織マネジメント、リーダーシップ、動機付け、問題解決といったものであった。一般企業や公立学校の研修でおこなわれるものと同じようなものであろう。研修直前の気持ちの変化と、自分の嗜好に合った内容ということもあり、私はこの研修を積極的に受講していた。とは言え、最終的に頭に残り、今でも意識していることは 2 〜 3 のことくらいしかないのだが。

　そんな数少ない成果の中でも、生徒や同僚とうまくいかないときに思い出す言葉がある。それは、「相手は変わらない。変われるのは自分だけ」という言葉である。すでに耳や目にしていた言葉のような気もするが、自分の中で情報を受け取る準備ができた瞬間と合致したのであろう。素直に言葉が染みこんできた。

　「相手は変わらない」とは、他人に対してあきらめの気持ちになることではない。私たちは、意識的にしろ無意識的にしろ、常に相手をコントロールしようとしている。それ故、自分の思い通りの結果にならないと、「なんでこんなことすんの？」「何回言えばわかんのかなぁ」「どうして言ったようにできないかなぁ」等々と、反射的に相手の至らぬ点を批判し、心の中で文句を言ってしまうのである。しかし文句を言っても相手は変わらないのである。相手が理解できない表現を使い、素直に動けるようなアプローチをしなかった自分に非があるのである。相手が自発的に行動を変えることを待ってイライラするより、多少のプライドを捨てて自分の言動を変えることのほうが遙かに簡単である。この意味で「変われるのは自分だけ」なのである。

　さらにこの研修で成果となったことは、「納期」と「進捗管理」である。私たちは、生徒には締め切りを強いる一方で、自分たちの仕事となるとかなり適当な感覚でやっていることが多い。「金曜日ごろまでに」や「だいたい 1 週間くらいで」などと言っていると、お互いに忘れてしまうことになりか

ねない。期限を決め、作業過程で進度のチェックをすることは、組織がゴールを目指す上で重要なことである。社会人であれば当然のことが、40過ぎの中年には解っていなかった。それでも、こういったことを認識したとき、私は中年から「中堅？」に変わった気がしている。

5.「中堅？」の敵は自分自身

　研修から3年が経った3月、同じ研修を受けた同世代の教員が6名になっていた。全員が危機感を募らせていた。生徒確保が難しくなる一方で、学校は変わらない。職員の意識が変わらない。いや、変化したくない。硬直化した組織への危機意識であった。お互いの意志を確認し、現状を打破するグループをつくることとなった。しかし、大げさなことをするつもりはなく、生徒の満足度が上がるような行事をおこなうことと、外部講師を招いて、少しでも職員の意識が変わるような研修をおこなうことを目的とした。大げさなことは考えない集団としたが、学校全体に関わることから、「研修・企画委員会」という名称で、校長を委員長とする正式な組織となった。ご存じのように、学校行事1つを増やすのも容易なことではない。3月といえば、すでに次年度の年間計画ができている。既存の行事、各分掌や教科の予定、部活の公式戦を考えると、新しい行事をすぐに実施できるものではなかった。そこで当初は、年間3回の職員研修を実施することだけに的を絞った。定期考査中の午後を1日だけ使えば可能だったからである。テーマは学校改革、危機管理、コーチング、カウンセリング、キャリア教育などで、生徒の満足度を上げることと教員自身のスキルアップにつながるものを選んでいった。

　予想していたことだが、新しいことには反対がつきものである。いざ研修をしてみると、休暇をとる人、言い訳をして参加しない人、不信感を持ちながら参加する人が大部分を占めていた。その後も、私たちが何かの動きを見せると、「研修にかぶれたヤツらだからなぁ」、「現実的じゃないよ」とか「何ができるんだか」といった声も聞こえてきた。それでも、私たちは前向きに話し合い、やりがいを感じていた。そして、いろいろな提案や企画を発信す

るうちに、私たちの活動に賛同してくれる人や、協力してくれる人が少しずつ増えていった。

　批判や反対がありながらも、うまくいき始めると、人間は気持ちが大きくなるものである。企画も大げさなものとなり始めた。具体的な改善策の筋道を提示しないまま始めた学級満足度調査や学校満足度調査。いまだに実現していない生徒による授業評価(それでも必ず実現させたいと思っているが)。自分たちの能力を超えてエスカレートする内容に、私たちは徐々に当初の気持ちを忘れていったのである。始まりは「全校長縄跳び大会をやろう！」であったのに。硬直化した学校組織を少しでも変えたいと願っていた人間たちの心が、硬直化していた。「変われるのは自分だけ」と分かっていたはずなのに、変われない集団となっていた。先鋭化した集団は周囲を置き去りにしていることに気づけなかったのだ。メンバー全員が重荷と感じていたのであろう、次第に研修の回数も年1回となり、会議の回数も激減していった。敵は反対勢力ではなく、自分の中に潜んでいると気づいたのは、しばらく経った後のことであった。現在は、次の中堅世代に希望を託し、初期のメンバーはアドバイザーとして2名残るのみとなった。

　こう書くと全員が火の消えた中年になってしまったように受け取られるが、そうではない。私たちは一連の活動を通じて、ゴールに到達するための明確なイメージの必要性と、誤りに気づいたときの素早い軌道修正や決断を学んだのだ。元メンバーたちは、タテとヨコのつながりを強めながら、それぞれの分掌で進化し続けている。現在、「全校長縄跳び大会」は、学年単位の親睦大会という形を経て、秋の体育祭とは別に、春のスポーツイベントとしてスタートしている。

6.「中堅？」の目指す場所

　先輩の英語教師にSさんという人がいる。彼は類い稀なコミュニケーション能力の持ち主で、教員生徒を問わず絶大な人気と影響力を誇っている。そのSさんとは3年前から職員室が同じになり、常に彼の言動と接すること

となった。表面上、ただのおもしろいオジさんなのだが、頻繁に聞こえてくる生徒との会話や同僚教員との仕事上での話から分かったことがある。それは、彼の他者へのアプローチが非常にコーチング的ということである。習ったことなどないはずなのに、コーチング関連の本に載っている技術が随所に登場してくるのだ。単に教えるだけ、命じるだけでは人は動かない。彼は常に相手が心を開いた状態になるよう働きかける。受け取った情報を行動に変えていけるよう、相手が理解できる言葉で問いかけ、問題解決の答えを引き出すのだ。とにかく彼は相手を育てるのである。

　Sさんのこういった言動の源は、彼の根本思想にある。彼は決して揺るがない中心軸を持っているのだ。それは「生徒の幸せのために」である。このことを軸として、彼は教科指導・生徒指導・校務にあたっている。ぶれない中心、ぶれない自己を通して他者と接し、学校を大きく動かす推進力となっている。もちろん、そんな気持ちが理解されず、彼が大いに悩み苦しむ姿も目にしている。それでもSさんは、知ってか知らずか、「相手は変わらない。変われるのは自分だけ」というスタンスで、「生徒の幸せのために」を私に見せてくれるのである。

　翻って自分はと問うと、確たる軸がないのである。おおよその核となる基盤はあるが、いまだに「変われるのは自分だけ」という意識が身に染みこんでいるかは怪しいのだ。その時どきの状況によって、相手の立場に立ってみたり、自分の都合に合わせたりと、易きに流されてしまうのである。そして相変わらず、関係部署への根回しや、同じゴールを目指す関係者とのイメージのすり合わせなど、ギャップを埋めるためのコミュニケーションは苦手である。年数だけはベテランの領域に踏み込みつつある私が、自分を中堅と呼べるのはいつになることか。「中堅？」は、ぶれない自己を求めてまだまだ修行である。

⑬ 中学校と高校を経験して

千葉県佐倉市立臼井南中学校　高橋圭

1. 異校種人事交流

「佐倉東中学校出身のみなさんを除いて、はじめまして」

これが、この3月まで勤務していた成田国際高校の着任式での第一声だ。現在千葉県には「異校種人事交流」という制度があり、前々任校での最終年（千葉県では原則7年）を迎えていた自分に声がかかった。これは後に当時の校長先生が明かしてくれたのだが、「高校生の自治活動をもっと活性化させたい。そのためには中学校現場でのノウハウを高校流にアレンジして指導する教員が欲しかった」と、自分が義務教育現場から高校へ移ることになった真意を知った時は、改めて身の引き締まる思いがした。

成田国際高校は俗にいう「人気校」で、有難いことに毎年高い受験倍率を保っている。部活動も盛んで、学校全体の部活動加入率は80％を超え、少林寺拳法部の全国優勝をはじめ吹奏楽部、野球部など好成績を収めている。高校卒業後の進路実績も年々確実に成果を上げており、いわゆるMARCHレベルの4年制私立大学を中心に、関東圏内の国公立大学への進学者も増えてきている。

私の前任校（中学校）の生徒たちにとっても成田国際高校は憧れの高校のひとつで、私が着任した平成20年度には3学年に8名、2学年に16名が在籍していた。特に当時の2年生は私が担任兼学年主任として関わった生徒たちで、自分以上に私の着任を驚いたようだった。実際に異動の発表があった日には、メールで「新聞見ましたが本当に先生（が来るの）ですか？」「お母さんがまたよろしくと言ってます！」などの連絡をもらったのを覚えている。

前述のとおり、私は「英語教師」としての手腕を買われて高校に来たので

はない。これは決して厭味や自分を卑下するものではなく、実際に高校に来て見ると、なるほど高校の先生方は英語に関わらず、自身が教えている教科・領域に対する専門性は中学のそれとは比較にならないものがあるのを肌で感じている。中には、「私は授業(をすること)で勝負しているのだから、平日は部活動へは(指導に)行かない」と生徒に公言している先生もいて、高校の先生は中学校の先生のような「何でも屋」ではなく、「専門家」なのだなと妙に感心したりもした。

2.「彼等は中学で何を身につけてきたか」を知る者として

　ならば、私は何をもって高校生という自分にとって未知の世代に英語を教えていこうと自問したとき、授業を始めるにあたって１つのルール(約束)を自分に課した。それは、「決めつけない・端折らない」というものだった。既習の文法や単語(ご存知の通り高校英語の文法などは殆ど既習事項。単語や文構造が難解なだけ)について「これはもう知っているだろう」「これは中学で教わっているから」とせず、逆に「中学２年のテキストで○○っていうタイトルのレッスンがあったでしょ？　その時△△が◇◇って言ってたでしょ？」と、くどくならない程度に具体的に説明するようにしている。中学での学習を引き合いに出すのは、高校生にしてみれば「何を今更」というような感情になるのかとも思っていたが、不思議なもので、本校のような学力を有する高校生でさえ、中学時代の例文を挙げると一様に教科書から顔を上げ、表情を明るくする(ただし中学で使用するテキストは統一ではないので、生徒達の出身中学校のリサーチと同時に複数の中学校テキストの例文確認が必要)。

　彼らが中学校で身につけてきたものは様々あるが、自分は「学習規律」を取り上げたい。「授業間の休み時間には次の授業の用意をする」「始業前に着席する」「「お願いします」で始め、「ありがとうございました」で終わる」「復習・テスト前勉強が出来るようにノートをとる」「課題・宿題は終わらせて授業に臨む」「進んで挙手・発表する」「解らないことをそのままにしてお

かない」「50分集中して授業に取り組む」等々。中学校では当たり前の事を当たり前のようにやってきた。当然ではあるが、高校は様々な中学校から集まってくるので、それまでのバックボーンは生徒それぞれで、厳しく躾けられてきた生徒もいれば、その対極から来た生徒もいる。興味深いのは、中学校時代に厳しく躾けられてきた生徒の方が、その反動なのだろうか、高校では手を抜こうとしている傾向もある。いずれにせよ、中学校まで出来ていたことを高校に行ったらしなくてもよいなどという理由はどこにもない。前に述べた授業規範の一例は、「授業」を「仕事」にと置き換えればこの先の彼らの人生に不可欠なのは言うまでもない。自分は高校での授業規範を保ち、更に高めるため、まずは評議員（クラスリーダー）を活用している。中には仲間への注意を躊躇するリーダーもいるので、リーダーには「注意ではなく説明しよう」と話している。「学習内容は授業中に自分のものにしておかないと、放課後の部活動や予備校などで時間がないはず」「せっかくみんなで勉強しているのだから、みんなでやろう」など生徒同士でやり取りするよう言っている。また、他教科の先生方を回って授業の様子を聞き（ご存知の通り高校は職員室に先生方が集まるのは朝の打ち合わせと職員会議のみ。各教科の教官室を回り歩く）、その際は授業態度のよろしくない生徒よりも、頑張っている生徒を聞き出して帰りのSHRで取り上げ、時には家庭連絡をする。この家庭連絡が思いのほか効果絶大で、特に電車通学などで生徒を通わせている保護者は自分の子供が高校でどのような生活をしているのかが当然ながら中学校より見えにくく、わが子の情報に飢えている。そこへ「頑張っている」という内容の電話は大変感謝される。以前授業風景をビデオに撮りDVDにして各家庭に回覧したところ、大変好評だった。

　勉強が出来るようになって怒る生徒も保護者もいない。当たり前だがこのように授業規範を大切にして生徒の力を伸ばしていく姿勢を貫いていけば、いざ特別指導などの場面でも、対生徒・対保護者ともにうまくいくはずである（お陰様でまだ特別指導の経験はないが）。

第5章　教師人生の本格化

3. 評価への挑戦—ポイントシート奮闘記

　中学校・高等学校どちらの学習指導要領にも目標に、「外国語を通じて、言語や文化に対する理解を深め、積極的にコミュニケーションを図ろうとする態度の育成を図り、聞くことや話すことなどの(中学校)／情報や相手の意向などを理解したり自分の考えなどを表現したりする(高校)実践的コミュニケーション能力を養う」とあるが、中学校・高校と経験してみて、改めて両者で大きく違うと感じた点がある。評価である。

　中学校・高等学校とも5段階評価(高等学校は0から100までをある数値で5段階数値に置き換える)だが、その結果(出力)に至るアプローチ(入力)が明らかに違い、高校に勤務した当初大いに戸惑った。一例として、中学校勤務時代自分は「ポイントシート」というものを採用していた。評価の4つの観点「興味・関心」「表現の能力」「理解の能力」「知識・理解」のうち、「興味・関心」の項目を出来るだけ可視化(学ぶ側・教える側両者にとって)するために、各学期末までに生徒の授業中の挙手、発表、教科書の暗唱、授業予習やワーク・宿題などの達成度に応じてポイントを与え数値化して、それを評価に反映させてきた。

　高校でも「ポイントシート」を導入するか悩んだが、1年生の授業でゴールデンウィーク明けからやってみることにした。この導入を決意させたのは、入学後1ヵ月間の生徒の授業態度だった。

　生徒達がおとなしい。いや、息を潜めている感じがした。発表の声はか細く、ALTとも進んではコミュニケーションを取ろうとしない。さまざまな中学校からこの高校にやってきて、まだお互い牽制し合っていることや、「中学の時みたいに無邪気にやってられるか」という年代に差し掛かっているのは少なからず理解できたが、「英語は技能教科」を信条にこれまでやってきた自分にとってはどうしても受け入れがたいことだった。自分の学級の他教科の授業を覗いてみても、堂々と机に伏せているものが出始めてきていた。

　そんな決して積極的な経緯で導入したものではない「ポイントシート」は、生徒たちに複雑な感情と行動をもたらす結果となった。もともと英語が

好き、または授業での活動を見える形で評価することに共感してくれた生徒たちは進んで発表し、授業に参加するようになった。前任中学校から入学した生徒は「高橋先生また始めたな」と、その取り組み方をかつて知っている分意欲的に活動して私の授業をサポートしてくれた。ただそんな彼らも、もう中学生ではない。やはり周囲の目を意識しながら英語の授業を彼らなりに楽しんでいたように思う。また、英語があまり好きではない、または自分のやり方に面食らってしまった生徒は少なからず困惑しているようだった。ただ「評価」に繋がるとなると全く無視することも出来ず、渋々つき合わされている生徒もいたようだ。年度末に授業の感想を求めた際、「毎日（英語Ⅰは5単位なので）英語の授業があるかと思うと憂鬱でした」と書いてきた生徒がいた。ただ彼女は続けて、「でもジッとしているよりはいいと今は思います。ちなみに来年は（ポイントシートを）やりますか？」とも書いてくれ、これには笑わされた。

　2年目の「英語Ⅱ」の授業でもポイントシートは続けて行うことにした。だがはっきり言って低調だった。慣れもあるが、ALTとの授業形態もなくなり、評価すべき観点に目新しさもなかったのがいけなかったのかもしれない。ただ本校が平成14～16年度に文部科学省からSELHi、平成17～19年度に県教育委員会からC-SELHiの研究指定を受けた際に始めて、今も継続して取り組んでいるReading Marathonという多読指導の評価に重点をシフトしてポイントシートを活用したところ、昨年度とは違った生徒が予想外の奮闘を見せるなど嬉しい発見もあった。

　このポイントシートの活動を通して自分なりに見えてきたものは、「生徒はいくつになっても認められることを望んでいる」というものだ。これは生徒に限らず、われわれ大人にも言えることだ。中学勤務時代、自分は週案の記入が億劫で仕方なかったが（高校には週案がない！）、そのくせ1週間の感想欄にたまたま自分の考えや感じたことをびっしり書いた時は、返却されるなりページを開いて管理職からの返事（反応？）を確認したものだ。皆さんにも覚えがないだろうか？　高校生でも、小テストの返却の際右下隅に何のス

タンプが押してあるか瞬時に見ているのを知っている。形はどうであれ、「私はあなたを見ています」と様々な場面でこちら側の姿勢を見せていくよう心がけている。

おわりに

　来年の4月にはまたどこかの中学校で英語を教えていることだろう。この3年間で、高校生のバイタリティーや先生方の教科へのこだわりに直に触れることが出来、自分は大変幸運だと素直に思う。というのも、自分はこれから中学生に対して、「高校でこうありたいのなら、今中学でこうあるべきだ」と、自らの体験を通じて、彼らに語ることが出来るからだ。高校初出勤の日、校長室で「中学のよい所を高校に根付かせてください。3年後、高校のよい所を中学校に根付かせてください」と言われた言葉を思い出す。決して大志を抱いての異校種勤務ではなかったが、中学校に戻ってからが責任重大、という気がしている。具体的に何を還元出来るかと問われると答えに窮してしまうが、今自信を持って出来ることは中学校現場での英語授業の改善と実践だと思う。自分が3年間実践してきたことが少なくとも高校現場で受け入れられたのであれば、3年前よりも更に広い見識で中学生に向き合えると思う。彼らが高校生活に夢を持ち、実際に高校3年間で更に輝けるよう、必要な力を身につけさせていきたい。

⑧ 英語教師の大学院入学

埼玉県宮代町立須賀中学校　奥住桂

1. 学ぶことへの「飢え」

「早く自分で授業がしたい」

そう心から思ったのは、いつ以来だろうか。これまでも自分なりに工夫をしながら授業研究を重ねてきた「熱心な教師」のつもりではいたが、ここまで強く思ったことは、もしかしたら初めてかもしれない。

昨年より私は中学校現場を離れて、埼玉大学大学院で学んでいる。きっと「教える側」から「学ぶ側」に立場を変えて日々を過ごしたことにより、また「教える側」になりたい、と強く思うようになったのだと思う。10年とちょっとの現場での経験に「飽きる」ことはなかったが、「飢える」気持ちが少し足りなくなっていたことを、その時に初めて自覚した。

そもそも、自分はどうして大学院での研修を選んだのだろうか。これまで自分が積み重ねてきた授業実践をもう1度振り返ってみたい。それらの活動が、英語学習にどのような(どのくらい)効果があるのかを知りたい。教科教育の枠組みを超えて、生徒の発達上のメカニズム(発達心理学や発達障害など)を学びたい。新しいことを知りたい、という「飢える」気持ちは、確かに私の中にあった。しかし、一番私を内面から刺激したのは、「現場を離れる2年間、自分では授業ができない」という環境が生み出す「飢え」であったかもしれない。早く学んだことを実践してみたい。それくらい、充実した日々を送ることができている。

2. 大学院進学までの道のり

まずは、私がどのようなプロセスを経て現在大学院で学ぶことになってい

るか、そのシステムをご紹介しよう。私が勤務する埼玉県の公立学校の場合、現場を離れてどこかで長期の研修をするためには、大きく3つの方法がある。1つは文部科学省が定めた「大学院修学休業制度」を利用する方法である。3年を超えない期間、自分で選んだ大学院で学ぶことができる。ただしその間は無給となるので、計画的な準備が必要である。海外の大学院などで学びたい場合は、この制度を利用することになる。

2つめは「長期研修制度」だ。これは1年間、どこかの大学の先生のもとで研修するもので、聴講生のように大学の授業を受けることはできるが、単位や学位は取得できない。その分、時間はある程度自由に使えるので、この期間を利用して全国各地の先生方の授業実践を参観するために飛び回る人も多い。

そして3つめは、私が今回利用した「大学院現職教員派遣制度」である。これは「長期研修」と同様給与はいただきながら学ぶ「研修」ではあるが、学費を払って大学院に入学することになるので(入試も受けます)、最終的に修士号の取得を目指して、授業や研究に勤しむという本当に「学生らしい生活」を送ることになる。

これらの制度を利用するためには、県の選考試験をくぐり抜ける必要があり、現場に戻ってから授業や研修などを通してその学びを地域全体に還元していくことが期待されている。選考の時期やプロセスは自治体によって異なると思うので、興味関心のある人は、各教育委員会や管理職に問い合わせてみて欲しい。また、私立学校においては、その学校ごとに状況や制度が異なると思うので、こちらも各自で確認をお願いしたい。

3. 科学的な目で見ること

さて、私が「早く自分で授業がしたい」と強く思うようになったのは、この大学院での研修を通して、私の指導観が大きく揺さぶられて、今なら「今までの私とは違った授業」ができるのではないか、と思うようになったからだ。私に大きな影響を与えたものは2つある。そのうちの1つは、自分の実

践を見つめ直すための「科学的な目」である。

　学校現場にいても、校内研修や教育委員会などから受ける委嘱などにより、テーマを決めて「研究」に取り組むこともある。しかし、これらの「研究」は学校全体で取り組む場合が多く、教科としての専門的な深まりばかりを期待することはできない。また、生徒を実験台のようにすることはできないのでストレートに「効果がなかった」とは言えず、どうしても「効果があった」部分に着目して研究をまとめることになる。もちろん、学生の立場で研究するにしても生徒への配慮は欠かさないが、結果に対してよりシビアに向き合うことができるのが、大学院で研究することの魅力だと感じていた。

　私は現在2人の先生のもとで英語教育学を学んでいるが、及川賢准教授の英語教育学特論の授業では、例えば「英文和訳」や「自由英作文」などをテーマに各自がそのメリット・デメリットを考え、その効果を測るためにどんな研究デザインが可能かを考えたりしている。現在はその延長で実際にデータを取って、分析している最中である。

　「なんとなく自分が好きじゃない」とか「効果がなさそう」ではなく、「どの能力に」「どれくらい」効果があるのか（あるいはないのか）を見極める過程は非常にエキサイティングだ。もちろん、教室で起きていること、生徒の頭の中で起きていることを全て単純にモデル化したり、数値化したりすることは難しい。それでも、いろいろな要素を排除して、一番関心のあることだけを取り出して測ろうとするプロセスは、教材研究として教材や活動を考える上でこれまでの自分に足りなかった部分である。当然ながら、こういった経験は生徒の能力を測定するための評価方法を考える際にも大変役立っている。

　中学校に勤務しているときは、同じ立場の教員が書いた「実践報告」に目を通すことは多かったが、研究者が書いた「研究論文」にふれることがほとんどなかった。そういう情報にどうアクセスして、どう読めばいいのかがわかっていなかったので、なんとなくハードルが高いと感じていたのだ。今、それらに多く接し、学ぶ機会をいただいたからには、それを現場の人たちに

165

わかりやすく伝えていくことも我々派遣教員の役目だと感じている。

4. 価値観が変わる出会い

　さて、私を大きく揺さぶった2つめのものは「自分にない価値観」との遭遇である。もう1人の先生である靜哲人教授との出会いが何より鮮烈であった。

　これまでの私は「いかに生徒の心理的負担を下げて授業ができるか」を常に考えながら授業をしてきた。しかし靜先生は「生徒にプレッシャーを与えよ」「強制と矯正が大事だ」と言う。これまで著書などを通して「厳しい先生だな」とは思っていたが、自分とはあまりに違う考えのような気がして、正直に言えば、すごく不安を抱えたまま入学したのも確かだ。

　しかし結論から言うと、私は大学院での授業を通して、これまでの自分になかったチャンネルを持つことができたと思っている。自分はこれまで考えたこともなかったことばかり言ってくれる先生の言葉には、本当に目から鱗が落ちる思いだ。これまで力をあまり入れてこなかった音声指導に対する新たな意識も確実に芽生えつつある。

　そして刺激的な言葉の裏には、どんな実践が想定されていて、そのためには教師にどのような力が求められるのか。英語教育学演習の授業では、厳しくダメ出しをされながら教師としてのスキルを再び磨き直す機会をいただいている。だからこそ、今「早く自分で授業がしたい」と強く思うのだ。

　しかし、きっと著書や講演にふれていただけでは、ここまで先生の考えを理解できたかどうか、もしくは理解しようと思ったかどうか、自信はない。何より、先生が授業をする姿や、指導している生徒たち（大学生）の姿を見ることで、わかってくることも多いのではないか。

　大学院で学ぶメリットは、このように先生から直接個人的に、しかもある程度のスパンで指導してもらえることだ。だからこそ、大学院を選ぶ際に、「自分が共感する考え」を持った先生を選ぶのが自然なのかも知れないが、あえて「自分とは違う価値観」を持っている（と感じる）先生のもとで学ぶの

も面白いと思う。

5. ストレートマスターか現職マスターか

　大学院に進学することを考えている学部生の中には、すぐにストレートマスターとして大学院に進むか、私のように1度現場を経験してから大学院に学びに来るか、迷っている人も多いと思う。私自身は両方を経験したわけではないので、どちらの方がいい、とはひとくちに言えないが、私は現場での経験を踏まえて学ぶことができる今の環境にとても満足している。おそらく学部卒の時点では、これほど深く学ぶことはでいなかったと思うが、それは一般的な意味でではなく、学部卒時点での私の能力や興味・関心によるところが大きい。仮にストレートマスターで学んだあと現場に出たとしても、自分の中に強い課題意識があれば(生まれれば)、またいつか大学院に学びに来る人だっていると思う。

　そして個人的には、ストレートマスターの学生たちと英語教育を語り合うことがすごく楽しいと感じている。未来の教員を育てているような感覚と、自分にはない新しい感覚に触れられる喜びと、年齢や経験は関係なく同じフィールドで意見をぶつけ合うライバル心とを同時に味わうことができるのだ。これは本当に刺激的な時間だ。それはつまり、ストレートマスターの学生も現職教員との交流から学べることが多いということだ。もちろん、学生自身がそういう意識を持っているかどうかにもよるのだが。

　大切なのは、いつ大学院に行くかどうかということ以前に、「学びたい」「知りたい」という気持ちを持っているかどうか。そして学んだことをどこで、どうやって活かそうと考えているか、ということだ。

6. たくさんの授業を参観して

　時間のある今だからこそ、各地でがんばっている先生の授業を直接参観させてもらっている。私の場合は、小学校から高校まであわせて1年間で30くらいの授業を生で見ることができた。大学院生と違って授業を履修する必

要のない長期研修生であれば、倍くらいの授業を見ている人もいる。

　この際だからと見せていただいた全国的に著名な先生の授業も感動的だったが、個人的にはこれまでなかなか見せてもらう機会のなかった近隣の学校で活躍する先輩方や、日頃はなかなか足を運べなかった遠方で奮闘する同年代の先生の授業を見せていただく方が、とても刺激になった。

　官製の研修などでは時間や形式の制限があり、授業者とじっくり語り合うことはできないものだが、個人的にお願いをして参観させてもらった場合は、授業後に質問の時間を設けてもらったり、メールなどを通して長期的にやりとりをさせてもらったりすることもあるので、より深く学ぶことができている。

　また、日頃の理論的あるいは技術的な学びのおかげで、私が授業を見る視点も以前とは変わりつつある。そんな学びを活かして、授業者が意識せずにやっていたことを言語化することで、授業を提供してくれた授業者に何らかのフィードバックができることもある。これも自分の学びを少しでも現場に還元する手段の１つになるのではないかと考えている。

　授業を参観した日は特に、「自分も負けられない」というライバル心が芽生える。と同時に、まだしばらくは大学院生の身であるため授業が出来ない「悔しさ」も連れてくる。「早く自分で授業がしたい」という飢えを一番呼び起こしているのは、この授業参観かもしれない。

7.　学び続けるということ

　「え、先生、なんでここにいるんですか？」
　「いや、実は今年から私もここで「学生」やってるんだよ。大学院生なんだ」
　「えー！　先生なのに、まだ勉強してるんですか？」
　大学のキャンパスでこの春に偶然会った数年前の教え子は、久しぶりの再会を喜びながらも、ずっと不思議そうな目で私を見ていた。

　実はこの生徒は、教師になることを目指して、この大学の教育学部で学んでいる。そんな生徒からしたら、すでに「夢」である教師になったはずの大

人の私が、その後も何かに向けて学び続けている姿が、不思議に映ったのかも知れない。しかし、そんな私の姿から「教師っていつまでも学び続けることが必要な仕事なんだ」ということが伝わっていれば、うれしいなと思う。そしてそういう気づきこそが、本当の意味での「キャリア教育」じゃないかとも思う。職業に就くことだけが大切なのではなくて、職業に就いたからこそプロ意識を持って学び続けることの大切さを伝えていかなくては、と感じている。

　教壇に立ったら新人教師もカリスマ教師もない。生徒にとっては目の前にいる人だけが「先生」なのだ。生徒の中学生時代は1度しかないし、例えば「不定詞」を学ぶこの授業は、もう2度と受けることはないのだ、という緊張感を持たなければならない。そう考えると、教師という仕事の責任の重さを痛感する。そして自分のこれまでの十数年を振り返ると、恥ずかしいし、当時の生徒たちに申し訳ない、という思いにもなる。しかしそれは「今ならもっといい授業ができる」という自負の表れだともいえるのではないか。だから日々悔しい思いをしながらも、「明日こそは」と自らのさらなる成長を目指して努力する。

　30代半ばにして、再び「学生」になったことで学べたことは数え切れない。何より、「授業できる喜び」をこれまで以上に感じながら努力できるようになるはずだ。

「早く自分で授業がしたい」

　私の英語教師人生の第2幕は、まもなく始まろうとしている。

第4部
職業人としての学び

　この本も最後の部に入りました。第1部で、私たちは考える余裕を奪われているかもしれないという懸念を確認しました。しかし教育現場で私たちは、マニュアルも何もないような問題に次々に遭遇します。私たちは生き延びて、学習者と自分に充実した人生を実現するために、考えることを学ばなければなりません。そのために観察力・分析力・思考力を身につけなければならないのでした。

　第2部は小中高のそれぞれの段階での現場教師の観察力・分析力・思考力を具体的に示しました。教師の新人時代はとにかく今日の授業をこなすだけで精一杯ですが、第2部からそれぞれの教育段階での見通しが得られたのではないかと思います。

　第3部では教師に視点を移し、教師の成長について述べました。教師になることを考えている学生さんも、慣れない現場で右往左往している新人教師さんも、そろそろ後輩教師を迎えるようになった若手教師さんも、教師人生についてのある程度の見通しが得られたのではないでしょうか。

　さてこの第4部では、より大きな見通しを得ようとします。第1章では「縦と横のつながり」ということで、歴史的視点と同時代ネットワーク的視点を獲得することを目指します。第2章ではベテラン教師の声に耳を傾けます。ベテラン教師がどうやって生き延びて学習者と自分自身を成長させたのか。自分を潰してしまわずにどう自分を鍛えていったのか。何を省き、何を死守したのか。教師人生を通じて通さなければならない筋とは何か――こういったことを学びます。大きく心を揺さぶられるような言葉もあれば、現在は今ひとつピンとこない言葉もあるかもしれません。でもどの執筆者も、どうしても伝えたいことだけを書きました。どうぞ先達の言葉に心を開いてみしくださ い。

（柳瀬陽介）

第6章　縦と横のつながりを大切にする

　人間も動物ですからとかく「今・ここ」のことだけに集中しがちです。ましてや万事あわただしい昨今、私たちはとにかく目の前のことだけに追われてしまいます。そうして本当に大切な事を怠り、さらには何が大切なのかもわからなくなってしまいがちです。
　こんな時にこそ私たちは視野を広げなければなりません。「今・ここ」が何につながっているのかを理解してこそ、私たちは目の前の多くの事柄に優先順位をつけて、効果的に仕事を行うことができます。一見したら役立たないような広い見識こそ実はもっとも実用的なのです。
　この章では、私たちの「縦のつながり」と「横のつながり」を確認します。
　「縦のつながり」は、英語教育史の第一人者である江利川春雄先生に、歴史上の3つの事例から私たちの「今・ここ」を考え直すことを促してもらいます。私たちは先人の経験に学ぶことにより、よりよい未来を切り拓く大きな動きに合流することができます。忙しい今こそ歴史的感覚を身につけましょう。
　「横のつながり」については、編者3名がネットワークづくりについて述べます。ネットワークづくりは、日本社会ではこれまで血縁・地縁・学閥などが重視されてきました。しかし、インターネットは、旧来の固定的で閉鎖的な集団化とは異なる、流動的で開放的なネットワークを形成することを促しています。互いにもともとは無縁だった私たち3名もインターネットを通じてつながるようになりこの本の編集・出版までするに至りました。奥住桂先生は日本語ブログを通じての新たなコミュニケーションについて述べます。組田幸一郎先生は、そんなテクノロジー先行の時代においても実際に出会うことが重要であることを説きます。柳瀬は世界に広がるウェブ空間の特性を活かして、英語ウェブにより英語教師が英語力と教師力をつけることを促します。どうぞこの第4部第6章で私たちはつながっていることを実感してください。（柳瀬陽介）

⋮ 歴史的感覚を身につける

和歌山大学　江利川春雄

1. 歴史上の頼れる先輩たち

　優秀なオリンピック選手には、必ず優秀な監督やコーチがついている。同じように、教師の成長にとって欠かせないのが、先輩教師の存在である。1人で悶々と悩み続けていたのに、先輩のひと言で解決の糸口がスッと見つかる。筆者も何度も経験した。

　そんな先輩は、実は職員室以外にもたくさんいる。歴史上の頼れる先輩たちに相談するのである。日本で本格的な英語教育が開始されてから、約150年が経過した。その間に、小学校英語、コミュニケーション重視、英語による授業、少人数指導など、現在も直面している様々な問題が議論され、実践され、膨大な経験知が蓄積されてきた。そこから学ぶことで、同じ失敗を繰り返すことなく、教師として成長しよう。歴史的感覚を身につけ、長期的なスパンで教育の問題を考えられるようになろう。

　3つの事例に即して、歴史の中にいる先輩たちとの対話術を学んでみたい。

2. 事例1―「小5から英語」の歴史

　「全国小学校に英語科を新設―だが、先生からが英語を知らず」。こんな見出しで公立小学校への英語導入を報じた新聞がある。記事には次のように書かれている（以下、表現を現代風に改変）。

　　　このたび文部省は小学校の教科に英語を加えてもよいと通達したが、英語を教えられる教員がいない。専門の英語教員を雇うにも予算がな

第6章 縦と横のつながりを大切にする

い。そのため、現行の教員を研修させ、英語の授業を担当させることにした。

　まるで平成の新聞記事のようだが、実は130年近く前の1884(明治17)年に『郵便報知』が報じた記事だ。2011(平成23)年度から小学校で外国語活動が必修になったが、英語を教えられる教員の確保という明治期と同じ問題に直面している。
　日本の小学校で英語を本格的に教えるようになったのは、1886(明治19)年に高等小学校制度が発足してから。4年制の尋常小学校に接続した学校なので、現在と同じく小5から英語を教えたことになる。ところが、当初は大半の高等小学校で英語を教えていたのに、数年もすると激減してしまった。教師の指導力不足や欧化政策への批判から、小学校英語は激しい廃止論にさらされたのである。こうした廃止論は根強く、ある教育雑誌は明治末期の東京での実情を次のように述べている。

　　生徒の成績が少しも上がらず、教授法もバラバラ、発音もアクセントも不正確。中学生になってこの悪習慣を矯正するのが困難なため、保護者などから批判が相次いでいる。このため、これを全廃してはどうかの議論が起こっている。　　（『教育学術界』1908年4月10日号の彙報）

　こうした批判を受けて、東京では中等学校の英語免許をもつ教員を採用することで危機を切り抜けようとした。しかし、文部省は1912(明治45)年度から小学校の外国語科を廃止し、商業科の一分野に含めてしまった。
　では、どんな批判が噴出したのか。先人たちの議論を聞いてみよう。英語教育界の最高権威者だった岡倉由三郎は次のように述べている（岡倉1911: 15）。

　　教師の点から考えても、外国語の学習を小学校から始めるのはよくな

い。初歩の英語教授は最も大切であるから、しかるべき教師でない者が、幼稚なる学生に対して中途半端な教え方を行うならば、後になって矯正するのがはなはだ困難である。

　小学生は音声に敏感なため、訓練を積んだ「しかるべき教師」でないと悪い発音の癖が付いてしまうというわけだ。現在、中・高の英語教員免許を持っている小学校教員は 4% 程度だから、岡倉の指摘が重く響く。英語を教えるのであれば、教員の養成や研修に本格的に取り組む必要があるだろう。
　さらに岡倉は、「小学校では、もっぱら国語の知識を正確にし、その運用に習熟させるよう力を注ぐのが妥当であって、それがやがて外国語を習得する根底となる」(同書 16 頁) とも述べている。小学校では英語よりも国語が先決だという主張は、平成の外国語活動必修化をめぐる議論でもよく出された。中央教育審議会などの政策立案者たちが、100 年前の岡倉たちの議論から学んでいれば、もっと妥当な方針が出せたのではないだろうか。

3. 事例 2 ——「英語で授業」の歴史

　1877 (明治 10) 年に発足した東京大学では、大半の授業が英語やドイツ語で行われていた。教師の多くが外国人だったからである。その後、大学教育まで日本語を中心に行えるようになると、学生たちの英語力は低下していった。夏目漱石は「英語の力の衰えた一原因は、日本の教育が正当な順序で発達した結果」だと述べている (夏目 1911)。
　しかし、貿易実務のために「使える英語」を求める経済界は、1900 〜 1910 年ごろに「英語が話せないのは文法を意識しすぎるからだ」といった英文法排撃論を展開した (斎藤 2010)。また同じころ、幼児が言葉を覚えるように文法や訳読によらず、英語を英語のまま学ぶべきだとするナチュラル・メソッドも紹介された。ともに平成の現在でも見られる主張だ。しかし、歴史的にはどちらも定着しなかった。山崎貞『自修英文典』(1913) を始め、その後もおびただしい学習用英文法書が刊行され続けた。日本人が英語

をマスターするためには、英文法の体系的な学習が欠かせないからだった。文部省は1978（昭和53）年の高校学習指導要領で英文法の検定教科書を廃止したが、学校現場では市販の教材を使って英文法が学習されて続けている。ここでも歴史が繰り返されたわけだ。

　2009（平成21）年に改訂された高校指導要領は、「授業は英語で行うことを基本とする」という方針を盛り込んだ。だが、同じことは約90年前にも試みられ、失敗した歴史がある。財界人の援助で、1922（大正11）年に英国からハロルド・パーマーが来日し、文部省内に英語教授研究所を立ち上げた。彼は音声指導を重視し、英語で英語を教えるオーラル・メソッドを普及させるために精力的に活動した。しかし、当時の中学校は秀才ぞろいで、英語が週6～7時間あったにもかかわらず、授業を英語だけで教えることは無理だった。こうして、パーマーは1927（昭和2）年に自説を修正し、和訳や日本語の使用を容認するようになったのである（小篠1995）。

　音声指導はたいへん重要だが、高校生ともなれば高度な内容について英語で読み、書き、論じる力も必要になる。そうした際には、背景知識や文法説明などを中心に、母語である日本語を効果的に活用した方が学習効率が高い。また、国語力の低下が指摘されている今日、英語との比較を通じて日本語を再認識させ、鍛錬していくためにも、英文和訳や和文英訳は推奨されるべき訓練方法であろう。

4．事例3 ――「少人数指導」の歴史

　日本は1クラス40人が定員で、先進国では例がないほどクラスサイズが大きい。欧米では外国語の授業では15人以下が常識だ。こうした少人数指導についても、先輩たちは明治期から主張と実践を続けてきた。

　東京外国語学校教授の浅田栄次（1865～1914）は、1905（明治38）年度の旧制高校の入試答案を分析し、成績不振の原因を列挙している。その中で、「1組に多数の生徒を編入すること」が問題だとして、「理想を言えば1組に15名だが、30名までは差し支えない」と述べている（中島1906：24）。浅田は

文部省視学委員として各地の学校を視察するなど、中学校現場の実情に精通していた。その浅田らが文部省に提出した「中等学校に於ける英語教授法調査報告」(1909)でも、「1学級の生徒数はなるべく少数なるを可とす」と記されている。

　1925(大正14)年の全国英語教授研究大会で、文部省は「中等学校における英語教授をいっそう有効にする方法」を諮問した。これに対して教師側は、入学試験へのリスニングやスピーキングの導入などとともに、「学級の生徒定員を30名以下に限る」と回答した。

　1928(昭和3)年の第5回英語教授研究大会では、「語学教授における学習能率増進のため1級25人までで学級を編制すること」とする決議が満場一致で採択されている。

　敗戦直後の1947(昭和22)年に初めて出された文部省の「学習指導要領英語篇(試案)」では「1学級の生徒数が30名以上になることは望ましくない」と明記していた。

　その後の日本は高度経済成長を経て飛躍的に豊かになった。それにもかかわらず、明治・大正・昭和にわたって100年越しに要求してきた「30人以下学級」は、長らく実現されなかった。ようやく2011(平成23)年度予算で、文部科学省は「35人学級」を要求したが、ようやく小学1年生だけに導入が認められたにすぎない。教育に金をかけない政府の体質は明治期から変わらないようで、夏目漱石は1892(明治25)年に痛烈に批判している(夏目1892)。

> 軍艦も作れ、鉄道も作れ、何でも作れと説きながら、未来国家の支柱たるべき人間の製造に至っては少しも心をとどめず、いたずらに因循姑息の策に安んじて一銭の費用も出そうとしない。これらの輩、真に吝嗇の極なり。

　そうした政府の対応にもかかわらず、自分たちで少人数指導を実現し、成

果を上げた学校もあった。神奈川県立湘南中学校（現・湘南高校）は、1928（昭和3）年度から英語のクラスを2分割し、20〜25名の少人数にした。細やかな指導が可能となり、生徒1人ひとりの英語運用量も格段に増えた。こうして、パーマーのオーラル・メソッドと旧来の英文和訳方式とを組み合わせた「湘南プラン」で成果を上げ、1939（昭和14）年には権威ある岡倉賞を受賞した。同校は教員集団のチームワークが抜群で、互いの授業を参観し、気軽に批評し合うことで、授業力を高めていった（庭野2008）。今日の協同学習で重視される「教師の同僚性」の高さと「少人数指導」との結合こそが、成功の秘密だったのである。

5. ネットで歴史にアクセス

　この他にも、音声、単語、文法、読解、作文の指導法など、先輩たちが積み上げてきた英語教育の歴史は無尽蔵の宝物殿と言ってもよい。かつては資料の入手がたいへんだったが、現在ではインターネットを使って国会図書館の「近代デジタルライブラリー」や、筆者たちが作成した「明治以降外国語教育史料デジタル画像データベース」および「幕末以降外国語教育文献コーパス画像データベース」などにアクセスすれば、手軽に歴史と対話ができる。

　英語教師の多くは未来志向と外国志向が強いので、過去の日本の英語教育の歴史的経験についてはあまり関心を持たないようだ。しかし、日本という独特の言語環境の中で、英語という異質な言語を教えてきた先人たちの苦闘を通じて、日本人にふさわしい英語の教え方・学び方が豊かに蓄積されてきた。

　それは、あたかも登山地図のようなものだ。明治期から幾多の先人たちが「英語教育」という山に登り、道を切り拓き、危険な箇所を書き残してくれた。現代の英語教師が生徒を引率しながら山に分け入ろうとするとき、こうした地図を持たないならば無謀すぎるのではないか。先人たちが踏みしめた道を歩むからこそ、無駄なく目標に到達し、その先の山をめざすことができ

る。もちろん、最新データをもとに地図を改訂していけばよい。しかし、先人の知恵が凝縮した基本ルートは意外と変わらないものである。

　Past experience, if not forgotten, can be a guide for the future.

　先輩たちが積み上げてきた過去の経験から学び、子どもたちの未来のために生かしていこう。

参考文献
江利川春雄(2006)『近代日本の英語科教育史―職業系諸学校による英語教育の大衆化過程』東信堂
江利川春雄(2008)『日本人は英語をどう学んできたか―英語教育の社会文化史』研究社
江利川春雄(2010)「日本英語教育史研究の課題と展望」『日本教育史研究』第 29 号、日本教育史研究会
岡倉由三郎(1911)『英語教育』博文館
大村喜吉・高梨健吉・出来成訓編(1980)『英語教育史資料』(全 5 巻)、東京法令出版
小篠敏明(1995)『Harold E. Palmer の英語教授法に関する研究―日本における展開を中心として』第一学習社
教育学術界編集部(1908)「彙報」『教育学術界』4 月 10 日号、教育学術研究会
斎藤浩一(2010)「明治期英文法排撃論と実業界」日本英語教育史学会第 230 回研究会発表ハンドアウト
中島優二編(1906)『受験者必携』近世社
夏目金之助(1892)「中学改良策」『漱石全集』第 26 巻、岩波書店、1996
夏目漱石(1911)「語学養成法」『学生』1 ～ 2 月号(『漱石全集』第 25 巻、岩波書店、1995 所収)
庭野吉弘(2008)『日本英学史叙説―英語の受容から教育へ』研究社

第6章 縦と横のつながりを大切にする

⠿ ネットワーク感覚を身につける

1. 日本語ウェブ上でのネットワークづくりについて

奥住桂

1.1 インターネットがもたらした大きな変化

　10年前、「英語教育」や「英語教師」などといったキーワードでネット検索をしても、見つかるサイトはほんのわずかだった。まだ個人レベルでの「ホームページ」や「掲示板」は、それなりのスキルがないと設置・運営ができない頃だったから、仕方がない。私が料理のレシピ紹介サイトを改造して、英語の授業で使えるアクティビティーを登録・検索できるページを立ち上げた時もさほどアクセス数がなく、残念ながらすぐに閉鎖してしまった。

　それが2010年末現在、「英語教育」に関するウェブサイトは多種多様に増殖し、学校の教師による英語教育関係の個人ブログは（定期的に更新が確認されているものだけでも）70を越えている。英会話学校関係者や塾関係者、また個人的に英語教育に関する記事を書いているブログを含めれば、その数はさらに増えることになる。

　インターネットはこの10年で、英語教師の教材研究スタイルや教師として成長するための人間的ネットワーク作りの環境を、いい意味でも悪い意味でも大きく変えてしまった。

　私自身も5年前の2005年に英語教育に関するブログを立ち上げ、授業で実施したアクティビティーを紹介したり、そのハンドアウトをダウンロードできるようにしたりと、様々な角度からこれまでに1000を越える記事を綴ってきた。ブログアクセスの詳細を解析してみると、「比較級　導入」や「アクティビティー　現在完了」などといったキーワードで私のブログにた

どり着いてくる人も多く、インターネットが教材研究の直接的、間接的なフィールドの1つになっていることを肌で感じている。

　こういったデータから、多くの人がこの瞬間にも自分と同じように教材研究に勤しんでいる姿が垣間見られて勇気づけられると同時に、もしこれらの人たちが自分では考えようとせず、ネットで見つけた「よさそうな教材」に飛びついて、日々の授業を乗り切っているとすると、不安な気持ちにもなる。もっとも、これまでだって都市部で開催されるセミナーや地域での研究会などでネタを仕入れたり、本屋で見つけた教材集をコピーしてそのまま使ったりしていた教員はたくさんいただろう。しかしマスコミやインターネットのおかげで、すぐれた実践は地域の壁を越えて全国に知れ渡るようになったので、これまで以上にそういった「カリスマ教師」を過剰に信奉して、ただ盲目的に真似をするだけの教師を生み出している危険性もある。

　一方で、セミナーや本では情報のベクトルが一方的なので、これまで大多数の英語教師たちは「受信者」として受動的に参加する他なかったが、ブログやソーシャルネットワークサービス（SNS）といった新たなサービスの登場で誰でも「発信者」として情報や意見を発信できるようになってきたことは、本当に大きな変化だと思う。

1.2　できれば発信しよう

　ブログを運営していてうれしいのは、自分が書いた記事に読者からコメントがつくことだ。自分の考えや情報が誰かに受け止めてもらえたと実感できて、そういった読者との交流は楽しいのだが、同じようにブログを書いている「発信者」との出会いや交流は、さらなる「喜び」や「学び」を連れてくると感じている。ネットを検索すればいろんな情報が簡単に手に入る。しかし、情報を発信している人の元には、さらに多くの、そしてより貴重な情報が集まるものである。

　ブログに限らず文章を書くためには、目の前で起きた出来事や見聞きした情報に対して自分なりの価値づけをしなければならない。だから、当たり前

だけど、文章を書くためには、その過程でたくさん考えることになる。このプロセスこそが教師としても、人間としても、自分を大きく成長させてくれていると感じている。だから、「受信者」としてただ情報を仕入れている人よりも、自分なりのスタンスで文章を書いている「発信者」との交流からの方が、学べることが多いのである。

だから、私は、多くの人にブログを書くことに挑戦してもらいたいと思っている。初任者、中堅、ベテランと、それぞれの立場によって書けることも書きたいことも異なるだろう。ネット上に並ぶ情報の質も、当然玉石混淆になる。でも、それでいいと思う。「誰かのために」の前に、まず「自分のために」書くことを始めて欲しいと思っている。そういった衆知が積み重なっていくことの方が、数人のカリスマ教師を生み出すことより、日本の英語教育界にとって大きな進歩につながっていくと信じている。

私はブログを通して、多くの人に出会うことができた。自分と同じ中学校で働く人々。小学校や高校、大学等で英語教育に関わる人々。他教科の先生や教師以外の方々。中には保護者や生徒の立場からコメントをくださった方もいる。

中でも面白いのは大学の先生方との出会いである。セミナーや本では「向こう側」にいたはずの人たちと、比較的フラットな立場でやりとりをすることができるのは、本当に貴重な経験である。教えているフィールドもずいぶん違うので当然ながら「ヨコの関係」とは言えず、とはいえ直接の師弟関係があるわけでもないので「タテな関係」とも言えず、言ってみれば「ナナメな関係」がそこにある。これまではあまり考えられなかった新たなネットワークがインターネットのおかげで、そして何より自らが発信者になったことで生まれてきている。ブログを通して知り合った高校の先生と大学の先生と一緒に、こうやって書籍を編むことができるようになるなんて、ブログを始めた頃には想像もできなかったことである。

1.3 これからのネットワークづくり

　英語教師のネットワークづくりは、今後どうなっていくのか。ひとつの答えがこの書籍である。デジタルな世界で拡散する情報や想いの中から選び抜かれたものが、こうやってアナログな書籍に収束されていく。この本を読んだ人たちが感想を発信したりすれば、またデジタルな世界に拡散していく。拡散と収束。デジタルとアナログ。この2つのベクトルやフィールドを繰り返していくことが新しいネットワークを生みだし、関わりを深めていく手段になっていくのではないかと思う。

　もうひとつは、ネットが派閥の違いを超えていくこと。これまでは同じ考え方を持った人たちで集まってセミナーを開いたり、本を書いたりすることが多かったが、これからはその垣根を越えて、異なる立場の人たちが意見を交換したり、戦わせたり、折り合いをつけたりしていくようなことが大切になってくるはずだ。英語教育を巡っては、本当に様々な意見の対立がある。これまではそれぞれが「別世界」で語られがちであったが、同じインターネットというフィールドで語られていればこそ、そういった世界をつなげていくことができる。別に同じ掲示板で激論をする必要もない。それぞれの立場の人が自分のメディアで発信していくことで、これまであまり見られなかった「論壇」が生まれていくはずだ。書籍のようなメディアは、問題を提起することでそういった議論に灯を点けたり、前述の通り拡散した議論を俯瞰的に整理・集約したりする役割を担っていくことができるだろう。

　インターネットは1つのフィールドにすぎない。そこを行き交う人々、我々英語教師たちが、このフィールドでどんなネットワークを築いていけるか、そしてそのネットワークからどんなものを生み出していけるか、私は一参加者として、そして一発信者として英語教育の未来を楽しみにしている。

第 6 章　縦と横のつながりを大切にする

2. 実際に会ってのネットワークづくり

組田幸一郎

2.1　ウェブ上だけではわからないこと

　メールは便利なツールである。遠くの人とコミュニケーションをとることが出来るし、電話と違って相手の都合を考える必要もない。ファイルを添付すれば、画像や音声さえも送ることが出来る。

　このように情報を伝えることには長けているメールあるが、ニュアンスや感情を届けることはなかなか難しい。テキストでのやりとりだと、こちら側の感情で、相手の感情を考えてしまう危険性さえある。メールのやり取りで、「そんなつもりではないのに」というような行き違いが生まれて、関係がギクシャクするという経験した人は、私だけではないだろう。大切なことは、実際に会って話さないと、誤解が生じることがあるものだ。

　ブログやホームページも便利である。自分の好きなことを、自分のペースで書くことが出来る。インターネットが発達する前は、自分の考えを表現するためには、雑誌や学会誌などへの投稿や、本を書くという高いハードルを超える必要があった。当然のことながら、投稿しても掲載されるとは限らず、本の企画が出版へと結びつくとも限らない。この高いハードルが、ブログやネットの普及で低められたことは、誰しもが「表現者」になれるというよい面があり、前章で奥住先生が指摘しているように、英語教師のブログは 70 以上もある。それを読む人たちは、それぞれのブログについているカウンターを見る限り、その数十倍の人数に達するのではないか。私もそうだが、自分と似たような課題や感受性を持った人々の表現に接することで、励まされたり、ホッとしたり、勇気づけられたりするものだ。

　その一方で、ブログを「テキスト情報」として考えると、メールと同じように、多くの人が「誤解」をして読んでいる可能性がある。確かに、ブロガーと実際にお目にかかってみると、ブログとは違う印象を持つ。たとえばこの本の編者 3 人は、最初はブログを通じてのつきあいしかなかった。私からす

れば柳瀬先生は博学で現場への愛情あふれる方という印象が強かったが、実際にお目にかかると、ユーモアにあふれ、しなやかな人となりでもあった。奥住先生も、生徒への愛情とユーモアあふれる方だと思っていたが、実際にはそれに加え、「草食系男子」で、優しさにあふれたお人柄である。2人とも、実際にお目にかかり、人間味を肌で感じることができたからこそこの本の協同編集につながった。

　私自身も実際に会った方からは、「こんなに、くだけた人なんですか」と驚かれることも多い。ブログ上では、すごくまじめで、24時間365日、教育のことばかり考えているように思われているようだが、たまにブログを覗く妻からは、「偽善者だねぇ」と冗談交じりでいわれることも多いのだ。「表現者」の人となりを知ることは、新しい発見が出来る楽しいことでもある。

2.2　ウェブからオフ会へ

　自分のブログをどのような人が読んでいるのかという好奇心も手伝い、オフ会（オンラインのウェブではなく、オフラインの現実世界で会うこと）を何度か開いた。毎回、中学校や高校、大学の先生が10名ほど集まり、趣味の話から仕事での課題まで、「教育」に限定されず色々な話をする時間を持つことができた。中学校や高校、大学の相互交流は少なく、お互いの状況が分からない。同じ英語教師であるのに、高校教師の私には、中学校のことはよく見えてこないし、大学の大変さも分からないことが多い。「連携が大切である」とは確かにそのとおりではあるが、それぞれの学校の先生が集められて「連携してください」といわれて、「では連携しましょう」と簡単に話は進むものではない。また、勉強会ではどうしてもよそ行きの顔をしてしまう。その点、オフ会という名の食事会・飲み会は、しがらみがないために、自分が感じていること、行き詰まっていることを率直に話すことができる。学校現場の多様化・多忙化と比例して、教員間の横のつながりが弱くなっていることを考えると、こういう機会は大切なものだと思う。

　また、同じような問題や課題意識を持つ仲間がいるという安心感を持つこ

とが出来る。当然のことながら、ネットを使うことで、自分の持っている課題にマッチした仲間を見つけやすくなっていることも大きな助けとなっている。自分は1人ではないという気持ちを持つことは、つらさを乗り越えさせてくれるものだ。利害関係のないオフ会は、ピアサポートの要素も強く、私たちを内側から元気にしてくれる。もちろん、実際に会うことで、新しいしがらみもできるかもしれないが、それ以上に新しい人間関係から得られる財産の方がずっと大きいと私は信じてやまない。

3. 英語ウェブを通じての多元的なネットワークづくり

柳瀬陽介

3.1 一元的な専門家、多元的な実践家

　専門家は信頼がおける。一定の知的枠組みを共有しているからだ。その共有により専門家はだいたい同じ判断をする。だから「信頼がおける」(=「信頼性」がある)。だがその信頼はしばしば「役立たなさ」と裏腹だ。専門家は自分たちの枠組みからなかなか抜け出せない。だから、ある1つの狭い枠組みだけからしか語れない専門家は、英語教育といった様々な要因が複合的に絡まった総合的実践において、時に的外れで役に立たないことを熱弁してしまいかねない。

　あわてて付け加えると、ある専門の勉強をして一定の知的枠組みを修得するのが悪いというわけではない。雑然と物事を見るのではなく、定められた視座から規則的に物事を観察し体系的に論考することを学ぶのは、重要な知的訓練だ。ただその枠組が1つの狭いものでしかなければ、かえって全体像を見損なう。だから専門家は、もし実践家になろうと欲するなら、自らの枠組みを脱することを学ばなければならない。可能なかぎり、他の枠組みも新たに学び、それらを自在に使いこなすことを覚えなければならない。

　すぐれた実践家(ここでは教師)と話をしていると、多くの場合、教職以外に追求しているテーマや趣味があることに気づく。それは、スポーツ・武

術、音楽・芸術、料理・家事、漫才・落語、あるいは英語教育とは一見何の関係もなさそうな学問だったりする。もしくはとにかく遊んだり飲んだりして、しがらみのない自由な付き合いを好んでいる。学校の中でも、特別活動、生徒指導、部活指導など「英語教育」という狭義の「専門」を超えた側面に心を込めている。これらの「専門外」を加えた多元的な活動が、「専門」である英語教育の能力発達の邪魔になるどころか、専門の能力を高めている。

　ある専門だけの一面的な力量は、現実世界の複合的な実践の前に、思いのほか無力だ。だから、英語教師も、英語教育のことしか語らない英語教師間のネットワークだけでなく、さまざまな種類のネットワークを形成しよう。それらのネットワークから多元的な認識を学ぼう。日頃の付き合いが業界の一定枠だけにとどまっていると、コップの中の嵐に一喜一憂するようになる。多元的な自分を育てよう。

3.2　英語のウェブ空間で多元的な認識を獲得する

　英語教師にとって、自分を多元化する有効な方法の１つは、英語のウェブ世界に常時接続しておくことだ。とにかく思い立った時にすぐに英語のウェブ世界につながるようにしておく。

　Twitter も（必要なら別アカウントを作って）英語の発信源をフォローしよう。日常の日本語空間と比べて、英語空間ではどのような話題が取り上げられ、取り上げられないのか、取り上げ方はどのように違うのか、―これだけでも自分の認識が多元化する（これは 2011 年 3 月の東日本大震災およびその後の放射能騒動の時も痛感したことだ）。さらにアメリカ以外の発信源をフォローしよう。Anglo-American と一口に言うものの、やはりイギリス発の情報や見解はアメリカ発のものとは異なることも多い。大陸ヨーロッパ発の意見ならもっと異なり、痛快にさえ思えることもある。本来なら各国の言葉を直に読めればいいのだが、これができないなら次善の策として英訳された発信でいいではないか。

第6章　縦と横のつながりを大切にする

　TwitterだけでなくGoogle Readerも便利だ。Google Readerとは2005年からの技術だが、これは自分が登録（購読）したお気に入りのブログやホームページ（以下、ブログ）が更新される度にその記録を残してくれる。無料で、Googleアカウントさえ取得すれば誰でも使うことができる。スマートフォンやタブレットでも使える。Twitterと比較するなら、(1)記録保存が確実、(2)素早い情報閲覧が可能、(3)ブログ更新だけを教えてくれる、といった長所がある。(3)は情報収集のためには重要で、Twitterの 'meformer'（＝自分のことばかりをつぶやく人。informerからの造語）の頻繁な発信に悩まされないで済む。

　またTwitterやGoogle Readerで得た重要な情報はぜひEvernoteというソフトでとにかく記録保存しておいてほしい。記録保存があってはじめて情報の活用ができる。情報に溺れるのではなく、情報を使いこなそう。

　Google Readerは上に述べた利点をもつから、かなりの量の情報も手軽に活用することができる。今チェックしてみたら私は現時点で約390のブログを購読していたが（うち約8割が英語ブログ）、このくらいの量なら無理なく扱える。「リスト表示」で見出しだけざっと眺めて興味ある記事にだけ印をつけておく。この速読で、英語にずいぶん目が慣れる。また速読で喚起される自分の脳内情報の活性化は知的快感ですらある。

　読むのは印をつけた記事だけだ。だから興味のあるブログはとにかく購読しておく。発信源は欧米だけに限らない。アラビア語圏のAL JAZEERAや中国のPeople's DailyあるいはロシアのVoice of Russiaも英語版で購読しておく（日本語版でもいいが、英語版だとこれらの発信源が世界の大半に向けてどんなメッセージをどのように送っているかがわかる）。インド、シンガポールなどのブログはそのまま英語で読める。それからこれはTwitterでも言えることだが、本当に面白い発信源は機関よりも個人だ。特にヨーロッパ系やロシア系の英語発信者は、英米圏ではあまり取り上げられない情報や意見を選んで発信してくれるから面白い。

3.3 「山を降りる」ための多種多様な方法を知る

　しかしいくら選択して読むとはいえ、このように大量の情報を得たら、やはり情報に振り回されるのではないか。その疑問に対しては「上達と下達」(『論語 憲問十四』)という言葉で説明したい。多くの事を学んで、ますます賢明になる人と、ますます軸がぶれる人がいる。前者は「上達」し後者は「下達」している。「上達」とは認識力を高め多くのことに共通する本質を把握することで、「下達」とは枝葉末節の些事ばかりとらわれ支離滅裂になってしまうことだ。

　もちろん私たちは「上達」を目指す。「上達」により、1つの枠組からだけでなく、多くの枠組から物事を捉え説明できることを目指す。この多元的な理解力と説明力こそが教養だろう。教養ある人は他人をよく理解できる。また他人によく説明できる。教師の場合、この説明が重要だ。

　教育を山に喩えて言うなら、教師は自ら山を登った後、山を降りなければならない。「山に登る」とは自ら知識を獲得することだ。教師は常に知識を求めて山を登らなければならない。だがその高みからでは教育はできない。教師は学習者のところまで降りなければならない。わからない人の認識を把握するために「山を降りる」のだ。

　だが実際の山登りで登山よりも下山の方が困難なように、知識でも得ることよりも手放すことの方が難しい。いったん得た知識は当然の前提となりやすい。多くの知識を持っている人は、教えるために自らの数々の前提を捨てる必要がある。知識を初心者の身になって新たに見つめ直さなければならないからだ。とはいえ、これがなかなか難しい。しばしば下手な教師は学習者に対して「どうしてわからないかなぁ」とイライラするが、このイライラは実は自らが学習者の目線にまで降りることができないことから生じている。だが、この言葉はしばしば学習者の無能さ・愚鈍さを咎める言葉として解されている。だから学習者は自分を馬鹿だと思い込む。しかし無能で愚鈍なのは教えられない—山を降りる技術をもたない—教師なのだ。

　さらに言うなら、山の降り方は1つだけではない。学習者は教師が通った

登山道の途上にいるとは限らない。むしろ教師が思いもつかなかった小道やけもの道に迷い込んでいることが多い。さらには教師がスタートしたふもとではなく、その奥にある谷底からスタートしている場合もある。登山は自分1人の問題で、一本道を登ればよかった。しかし教えるという下山は千差万別で、下山道の多くは教師にとって未体験の道だ。自分の登山方法を知っているだけで下山はできない。自分の方法とは異なる多種多様な方法—知的枠組み—をもっていないと、学習者のもとには辿りつけない。

　ここで教養—多元的な理解力と説明力—が必要になる。型通りの説明だけでなく、学習者に馴染みのある事柄から比喩を見つけて説明する。学習者が連想しやすい順序で教材を配列する。教材の意味も学習者が理解できる範囲の世界の中で深いレベルで示す。そのために教師は自らの「専門家」の枠組みから離れて、自由自在に様々な枠組みから教育内容を捉え直さなければならない。

　英語教師は、多元的な理解力と説明力という教養を、英語のウェブ空間を通じて獲得することができる。日本語だけでなく英語も使えてよかったとしみじみ思える人生が送れる。そもそも「英語は大切」といいながら自分は教科書と問題集の英語にしか接していない英語教師は学習者に対して説得力をもたない。ウェブを使えば、はるかに広範囲の人とより多い話題でより深く意思疎通することができる。自分を多元的にすることができる。もちろん自分の英語力も高まる。ぜひウェブ閲覧を習慣にしよう。学生の皆さんは、ウェブ記事を楽しめるように英語力と一般知識を学生時代のうちにつけておこう。そうしておけば忙しい現場生活でも寸暇を活かして自分を多元化できる。多元化した自分は教育活動の核となる。

第7章　特別エッセイ

　年齢的に生徒と近い20代の教師は生徒から自然な親近感をもたれがちです。しかし30代に入り年を重ねてくるとそうはいかないと組田幸一郎先生は警告します。教師は教師としての資質を磨いておかなければなりません。ではそれは何か？　組田先生の率直な答えをどうぞお楽しみに。

　樫葉みつ子先生が皆さんに勧めるのは、どんな学校に赴任しても積極的に心を許せる教師仲間をつくることです。人間は強そうで弱いもの。この本を手にしているあなたも本の中に仲間・先輩を求めたのかもしれません。次はぜひこの本をきっかけに現実世界でも仲間を見つけましょう。

　しかしいくら教師としての資質を磨き、仲間で支えあっても、現場の過酷な状況ではしばしば英語力を維持することすらできません。加藤京子先生は断言します。「校務分掌、学級担任、そして部活動指導、この3つを要求されるままに3年やれば英語は使えなくなる。そして英語力が無ければ、実は指導技術も指導内容も伸びない」。それではどうすればいいのか。加藤先生はどうしたのか。加藤先生の人生に学んでみてください。

　とはいえ英語力だけではいい英語教師になれません。蒔田守先生は、(1)生徒の必要を見抜く力、(2)必要を満たす授業を準備できる力、(3)自分の限界を見極める力の3つの重要性を説きます。

　最後に中嶋洋一先生は教師生活について総括します。教師は、(i)ぶれない「理念」をもち、(ii)卒業式に成長した生徒の姿を見るために努力し、(iii)何よりも自分から動く存在です。

　教師の仕事は生徒に夢を与えることです。それなら同時に自分自身にも夢を与えませんか？　今日の授業はうまくいかなくても、いつかは生徒と共に充実した笑顔を交わすようになりましょう。この章の5人のベテラン教師の言葉にぜひ素直に耳を傾けてみてください。

　　　　　　　　　　　　　　　　　　　　　　　　　　（柳瀬陽介）

⋅ 教師としての資質

千葉県立成田国際高等学校　組田幸一郎

1．生徒をひきつける魅力

　「若いときには若さで生徒はついてくれるが、年を重ねたら、技術が必要になってくる」と教師になりたてのときに先輩の先生に言われた。間違えて、「先輩」と生徒から呼ばれるうちは、生徒は向こうから話しかけてくる。掃除のときや、ホームルームの前、文化祭の準備などの授業以外のときに、若い先生であればどんな先生に対しても、生徒は親しみを持って接してきてくれるのだ。拙い授業でも生徒は一生懸命に聞いてくれるし、他の先生方が授業に見学に来ると、普段よりも協力的になり、活発な授業となる。生徒はこちらをサポートしてくれる。

　ところが残念なことに、「先輩」といわれるのはせいぜい20代だけであり、30代に入り年を重ねてくると、若いときのように無条件で関係性が作れるようにはならない。先輩というよりも、父親や母親の年齢に近づくにつれ、生徒もこちらを「値踏み」するようになり、生徒との関係性は教員ごとに差がついてくる。ある先生は生徒と良好な関係が作れる一方で、他の先生は距離が広がってくる。年を重ねてから、生徒を引きつける魅力を持つ先生とは、どういう先生なのだろうか。教師としての資質、英語教師としての資質とは何なのだろうか。

2．教師になったばかりの時の不安

　もともと、私は教師を志望していたわけではない。大学も教育学部に進学したとはいえ、教師という仕事に憧れを持ったのではなく、単に受験日が都合がよかった「滑り止め」の大学であり、その証拠に母校以外は経済学部や

法学部を志望していた。高校生のときには、「英語」という科目が特に好きというわけでもなく、「英語の面白さ」もほとんど感じたこともなかった。

　大学の友人が、英語学や英語教育に興味を持ち、音声学や教授法を学んでいる一方で、私が興味を持ったのは教育学や心理学だけであった。興味のなかった英語は勉強らしい勉強もせず、取得した専門科目（英語）の 38 単位のうち、32 単位が「C」（可）であったほどだ。本を読むといえば教育学の林竹二や心理学の河合隼雄、不登校関係が中心で、チョムスキーにはまったく興味を持てなかった。そして、大学の外ではサラリーマン御用達の居酒屋でのバイトを 4 年生の夏まで続け、様々な職業の大人が酔っぱらい、ホンネで話す姿に興味を持っていた。サークルも障害児関係に属しており、障害児教育に興味はあったが、やはり英語教育には興味がなかった。大学で私が得たものといえば、恩師と友人との出会いなどの人間関係が中心であり、英語教育に対する知識は周辺的なものに過ぎなかった。

　偶然が重なり、英語教師という仕事についてから、大学時代に身につけていなければならなかった力の欠如を痛感することばかりだった。授業の展開方法が分からない、授業の技術も全くない、「「教科書を」ではなく、「教科書で」英語を教える」といわれても、具体的なことなど全く分からなかった。初任者研修を通じての同期の英語教育の深い知識やその運用能力、授業実践を聞いていると、自分の英語教師としての資質にずいぶんと疑問を感じたものであった。初任校では、英語の授業をどう展開していくかということよりも、生徒とどう接していくかという生徒指導的な力が必要とされたので、なんとか授業はごまかせたといっても過言ではない。

　生徒指導が上手だったかといえば、自分が大学で思い描いていたような指導ができず、コンプレックスを感じていた。同じ時期に教員になった同僚の上手なクラス運営や授業展開、教師としての明快な立ち位置や学年集会での生徒をひきつける話はすばらしかった。その一方で、自分は彼ほど上手に話もできず、クラスもうまく経営できていない気がしていた。初めて受け持ったクラスでは、途切れない特別指導に、多くの退学者。林竹二や河合隼雄の

本を読みながら、生徒の自由を尊重しつつ、話し合い、理解し合うということで素晴らしい教室ができるという「理想」と目の前の現実とは、全く違うものだった。自分らしいクラス運営、自分らしい生徒指導・教科指導ともいわれたが、その自分に教師としての適格性に疑問を感じていたために、部活動に逃げていた部分もあったほどだ。私が生徒とコミュニケーションを取れるのは、若さだけが原因なのかもしれないという漠然とした不安を感じていた。

3. 新しい風景

息苦しさを感じていたとき、生徒と上手にコミュニケーションを結べ、信頼され、時にはフレンドリーなのだが、壁のような存在にもなれる同僚の先生を観察してみた。自分が一生の仕事として教師という職業を続けたいと強く思っていたこともあり、モデルからいろいろな技術を盗みたいと思った。

その先生は正直であった。もちろん、教師としての立場で生徒に注意を与えることはあるが、自分を大きく見せようともせず、知らないことは知らないといっていた。また、誠実であった。約束は守るし、生徒の話を聞くことが多かったし、常に生徒のことを考えて行動をしていた。そして生徒が好きだった。職員室で生徒の話をするときに、「生徒が好き」というオーラがにじみ出ていた。その他にも細かいことはあるが、一言でまとめるなら、人間という存在が好きな先生、ヒューマンインタレストに富んだ先生であった。そういう先生の授業や進路指導、部活動指導は、結果を残そうとするものではなく、生徒が好きだから最大限の援助をしたいという気持ちが根底にあるように思われた。

人間が好きだという気持ちなら、私にもあるという自覚はあった。そして、この気持ちをベースとして、自分の「顧客」である生徒の成長に必要な能力をこちらが身につけ、そして援助していけば、モデルとして観察していた先生のようになれるのではないかと思うようになった。他の人を意識したり、真似をしたりする必要もない。他の先生方の長所をうらやましいと思っ

たり、建前で発言して自分を守ったりする必要もない。ただ、生徒が必要とするためのスキルを獲得すればいい。それだけでいいのだと考えると、肩の力を抜かして、生徒指導や授業を自分らしく行えるようになっていった。

　そうすると今まで見えなかったことが見えるようになった。例えば、英語が苦手な生徒が学習をしない「論理」に、「日本にいるのだから英語の学習など必要ない」というものがある。それを「論破」すべく、新聞を提示しながら「会社に入ったら、TOEICで点数が取れないと大変だぞ」「これからの国際化社会では必要だぞ」といったり、「異文化理解のために外国語を学ぶことは必要なんだぞ」と生徒の「論理」に真正面から向かい合ったりしていた。しかし、彼らの「論理」は「いいわけ」にすぎず、実際は英語が分からない自分を素直に認めたくないという人間として、当然の反応に過ぎないということが分かった。そのため、少しでも英語が分かるようになり、興味を持つようになれば、このような発言はしなくなり、授業での顔つきまで変わってくることさえある。確かに、英語でディベートを行うだとか、議論をするだとかということも大切なことかもしれない。しかし、今まで読めなかった単語が日本人英語的でも発音できただとか、筆記体で自分の名前が書けただとか、そういう小さなことでも、生徒が英語に対して前向きになるのであれば、いいのだと思うようになった。授業という実践を通じて、生徒がどのような援助をいちばん望んでいるのかという気持ちを捉えられれば、彼らにとって必要な授業というものが見えてくる。

　卒業後の進路についても同様である。どの学校でも「進路決定率」は大きな関心事であるので、どうしても生徒の進路は決定したいという気持ちが教員にはある。もちろん、多くの生徒はこちらが動機づけしなくても自分の進路を決定したいと思っているのだが、中には積極的にアルバイトの道を選びたいという生徒もいる。その中でも、いちばん印象に残っているのは、ディズニーリゾートでアルバイトをしたいといってきた女子生徒だ。彼女は、成績も優秀で、欠席もなく、性格的にも明るく、就職を希望すれば、すぐにでも決まりそうな生徒だった。だが、小さいときから好きだったリゾートで

キャストをしたいという気持ちをもっており、何度か面談を保護者も交えて行ったが、その意志は強かった。結局、学校の進路指導から早々にドロップアウトをして、卒業間近からディズニーシーのキャストとして働き始め、現在でもやりがいを持って働いている。彼女から近況の連絡を受けると、あの時、無理に就職などをすすめなくてよかったとつくづく思う。当然のことではあるが、人生は自分の経験則だけでは見通せないものなのである。

4. 生徒が動くとき

　建前で生徒を見なくなり、気づいたことが2つある。1つめは、勉強ができない生徒も本当は勉強ができるようになりたいと思っているし、反抗的な生徒は素直になりたいと思っており、そして、優秀だと思われている生徒の中には、羽目を外してみたいと思っている生徒もいるということだ。ただ、自分のキャラを壊さずにいるだけで、自分の人生を上手に生きていなかったり、選べていなかったりする生徒が多いのだ。

　2つめは、人はインセンティブを与えたり、脅したりしても、意味のある動きは続かないということだ。進路決定後にはこんなにいいことがあるんだとか、しっかりと学校を出ないと大変なことになるんだとか、いくら力説しても、それは2日と持たない。

　生徒が自分の内側にある自己を適切な形で表現して、前向きに学校生活を送れるのは、先生や友人から関心を持って見てもらっているという意識を本人が持つときである。自分たちは見てもらっているのだという意識、自分もその集団の中に存在を許される・存在していたいという帰属感の中で、生徒が人生を選べるようになることが学校教育の大きな役割ではないだろうか。ちょっとした仕草の変化や感情の変化に気づいてもらえるという安心感の中で、人間的にも、学力的にも生徒は成長していく。「前よりも音読の調子がいいね」と休み時間に話しかけたり、提出物に紋切り型以外のコメントをひと言でもいいから加えたりすると、生徒は自分が見られていることを確認でき、授業への取り組みが変わることがよくある。

5. 教師としての資質

　このように考えてみると、教師の資質とは、「人間が好きであること」だけで十分ではないだろうか。英語が好きだとか、英語ができるとか、英語を教えたいという気持ちなどの要素も大切には違いないが、他者に対するヒューマンインタレストを持っていれば、必ずいい先生になっていく。生徒にとって必要だが、自分にはそのスキルがないと思えば、そのスキルの獲得に挑戦して、自分のものにしていく。その積み重ねが、どのような問題にも対処できる知識と経験とを持った一人前の教師を作り上げていく。

　どの先生だって、最初から上手に生徒と接することができたわけでもない。ましてや、「授業の名人」「生徒指導の達人」といわれている先生も、最初から生徒の気持ちをひきつける授業や生徒指導ができたわけでもない。誰しもが、教師としてのマインドをベースにして、生徒の成長を願いつつ、試行錯誤を重ねて、独り立ちするようになってきた。その基本となるのが、「人間が好きだ」という気持ちではないだろうか。

　教師にとって、自分の人生を教科書にすることが大切なことだ。その教科書は、教師になりたてのときに完成しているものではなく、日ごろの実践を積み重ねていく中で、ページが増えてくるものである。充実した「教科書」ができるかどうかは、教師自身がヒューマンインタレストを持ちながら自分の人生を大切にしているか、そして「顧客」である生徒を大切にできたかどうかであるのだろう。

⊡ 自分を高め続けること

広島大学　樫葉みつ子

1. 仲間作り

　この春、長年の公立中学校教員の職を離れ、これから教職を目指す大学生、大学院生を指導する立場になった。近年の教育現場を知る者として、教師として巣立つ学生の前途に、すばらしい先輩や同僚との出会いが待ち受けていることを祈りたい。そして、学生にはこう言いたい。どんな学校に赴任しても、自分から積極的に仲間を作って、英語教師という仕事からたくさんの喜びを得てほしいと。

　今、「仲間」は、世間でも見直されている感がある。出版界で大ヒットとなった『もし高校野球の女子マネージャーがドラッカーの『マネジメント』を読んだら』、略して『もしドラ』は、奇跡の仲間作りの物語である。それぞれに才能や思いはあるが、当初バラバラであった部員たちが、女子マネージャーの働きかけによって、目標を共有する仲間となり、持てる力以上の力を発揮する集団となる。『もしドラ』は、仲間を得ることで人が目覚ましい成長を遂げる可能性を示してくれた。

　おなじく野球の斎藤佑樹選手の、「持っているのは仲間」発言も注目を集めた。50年ぶりの早稲田対慶応の優勝決定戦で勝ち投手となった斎藤選手が、インタビューに応じて、「斎藤佑樹は何かを持っていると言われ続けてきました。今日、何を持っているのかを確信しました。それは仲間です」と答えたものである。素直で謙虚な斎藤選手らしい発言は、野球ファンのみならず多くの国民の共感を呼んだ。そして、仲間を得ることの難しさと仲間がいることの喜びを再認識させてくれた。困難に負けないため、目標を達成するために、仲間の存在が欠かせないのは教師も同じである。

2. 人は気持ちで変わる

　尊敬する先輩の1人、佐藤教頭(仮名)から、生徒指導で念頭に置くべきこととして教わったことは、「大事なのは気持ち」である。

　問題行動を起こした生徒への指導に立ち会う際、佐藤教頭は生徒の本心を探るために、教師の説諭が終わって相談室を出ていく瞬間の生徒の表情を見守り、閉めるドアの音に耳を傾け、廊下を立ち去る生徒の気配をうかがう。生徒の本心は、相談室を出て教師から見えなくなったときの表情に出るのだそうだ。そして、教師の指導に納得しているかどうかの判断を下す。なぜなら、大事なのは気持ちだから。

　「大事なのは気持ち」とは、教師が何を言ったかではなく、生徒がどんな気持ちで教師の言葉を受け止めたのかの方が大事だという意味である。教師がいくら正論を説いても、生徒が変わらなければ指導が成功したとは言えない。人の行動を変えるためには、まず気持ちを変えなければならない。生徒の問題解決に力を貸そうと思えば、まずその気持ちに寄り添い、そこに働きかけなければならないのだ。

　学級において生徒の気持ちを最も左右するのは、クラスメイトとの関係である。それを知っている担任は、学級の仲間作りを大切にする。そんな担任に恵まれて、仲間を得たことで、劇的な変化を遂げた生徒として記憶に残るのが翔(仮名)である。

　いじめや反抗などで周囲に心配をかけた翔であったが、2年生になった彼の新しい担任は、翔の問題が人に認められたい気持ちの表現方法にあることを見抜いていた。年度当初の運動会は、そんな彼を変える絶好のチャンスであった。運動の得意な彼が活躍できる場面を作り、責任ある役割を担わせた。担任やクラスメイトに認められたことが嬉しくて、翔は与えられた役割を力一杯果たした。そして、そんな翔のよさが理解されるように、担任はみんなの前で褒めた。これをきっかけとして、周囲の翔を見る目は次第に温かいものに変わった。そして、翔はもっとクラスの役に立ちたいと思い、それにふさわしい行動をするようになった。自信をつけた翔にとって、クラス

メイトは、自分を受け入れてくれる大切な仲間であった。
　生徒理解に優れた担任は、学級の人間関係を整えることによって、生徒の気持ちを変え、行いを変え、別人のように成長させる。人は気持の生き物であり、関係性の中で全く違った面を発揮することがあるのだ。

3. 教師の仲間作り

　「教師仲間」を、仮に、志を同じくし、目標実現のために行動を共にし、支えあい、認め合い、高め合うといった精神的な支援をする人間関係だとしよう。教師としての自分は、このような「教師仲間」によってずっと支えられてきた。

①校内の仲間

　勤務した2校目は、公立中学校には珍しく、校内研修の盛んな学校であった。当時の校長の見識に基づいた、学校改善のための重点項目としての取り組みであったようだ。教科、道徳、学活のみならず、短学活にいたるまで、交代で研究授業をし、参観者全員で率直な意見交換をした。そんな風土からは、「いい授業を」「いい学級を」「いい学校を」という目標を共有し、互いに切磋琢磨しあう教師集団が自然に生まれた。生徒の挙手と発言を促すために、ある担任が始めた「発表カード」は、すぐに学校全体に広まり、その使い方や効果をめぐっての会話が職員室中に飛び交った。文化祭で生徒を喜ばせようと教員同士でバンドを結成し、夕方になると密かに集結して練習を続けたりもした。授業や生徒のことをいつも話し合っている仲間の中にいると、毎日が楽しくてしかたがなかった。教師を疲弊させる生徒指導上の問題はそれなりにあったはずだが、ほとんど思い出すことができない。仲間に恵まれて、忙しさや困難なことはあまり苦にならなかったからであろう。

②地域のサークル活動

　勤務校で、すぐには仲間を作ることができず、やりがいの希薄な日々を過

すこともあった。1日の大半を過す場所で、苦労を苦労と感じることが多いと、まさに、心が折れそうになる。そんな時に自分を支えてくれたのは、学校外の仲間、特に、地域のサークル仲間である。思うような授業ができずに悩んでいた頃、声をかけてもらって参加するようになったのが、徳島県内の高校の先生が中心になって結成された「新英研徳島支部」の例会であった。

　ある時、生徒の作ったクイズをまとめた資料を持参して、実践報告をさせてもらった。クイズは、受動態1文を含んだ3文のヒントからなるもので、その指すものを当てさせる形式であった。サークルメンバーは、私の発表に耳を傾け、生徒の作品を興味深く読んでくれた。そして、同級生、先生、校舎、地域の自然などの身近なものが答えとなっている、オリジナリティー溢れるクイズだと褒めてくれた。そのように言われて、もう1度生徒の作品を読み直して気づいたことは、私にはまだ十分に馴染めていない学校であっても、生徒にとっては、唯一の中学生時代を過ごす場所であり、そこに集うかけがいのない同級生や先生たちであることだ。文字は読んでも、私には生徒の気持ちが読めていなかった。生徒が見えていなかった。生徒を十分に受け止めきれていなかった。仲間の言葉は、私に素直な気づきを促した。

　このサークルを中心となって運営されていた田村泰先生は、例会報告をニューズレターに必ず掲載してくれたが、その文面も温かかった。決して否定したりけなしたりせずに、報告された実践の中から、いいところを見つけ出して、詳細に記述してくれた。一緒に授業を作り、生徒を見守ってくれているようであった。サークルの例会は、参加するたびに子ども観、授業観を鍛えてくれる貴重な学びの場となり、いつのまにか、学校での私の営みを支えてくれる心のよりどころとなっていた。

　その後、残念ながら、新英研徳島支部は活動休止状態となった。理由としては、月1回自主的に集まり続けることの困難さが考えられる。自主的な活動ゆえに、例会が学校行事と重なると参加できない。強制力のないサークル活動に定期的に参加し続けるには、教師はあまりにも多忙である。

③県の研究組織

　地元のサークル仲間を失った私は、全国各地の研究会や講習会に参加することで、心のエネルギーの補給を続けていた。しかし、周りに目をやると、県外にまでわざわざ出かけて行く教師は少ない。勤める学校で息がつまりそうな時や展望が持てない時、みんなどうしているのだろうか、県内にもう少し参加しやすい研究会を組織することができないだろうかと考えるようになった。そして、他教科の部会の例を模した徳島県中教研英語部会研究委員会という組織の立ち上げを提案し、私が世話役を引き受けることになった。

　県下各地から20数名のメンバーが集まって、月に1回、休日を返上しての研究会が始まった。英語教育関連の本を読んだり、実践を語り合ったりするだけで、研究会と呼ぶほどの特別なことはほとんど何もしていない。ただ、運営に際しては、新英研徳島支部で私がしてもらったように、教師を元気づける会にすることを心がけた。困難な状況にあって、今しも息切れしそうなメンバーがいるかもしれない。そんな仲間には、まず元気になってもらおう、やる気を取り戻してもらおう。生徒も、教師も、学校も責めず、ただ、生徒の意欲を高めるにはどうしたらいいか、力をつける有効な手立ては何だろうと、みんなで考えた。聞き合い、語り合ううちに、参加者の表情がだんだんと明るくなっていくのを見るのは、心地よかった。来たときには堅い表情をしていた仲間が、悩みや心配を吐き出し、課題解決への展望と意欲とを得て、足取り軽く帰路に着くのを見送ることは、私に喜びをもたらしてくれた。

　この研究会が、いつの間にか10年以上続いた。その秘訣は、1つには、このような仲間の魅力であり、もう1つには、公的な組織の活動という大義名分があったからだと思う。出張扱いの会なので、部活動の練習と重なったりしても、代わりの指導を他の人に頼みやすい。教師が休日に研修をすることさえ、おかしなことだが、こんな配慮がいる。

　定期的な会を長年続けていると、世話することを煩わしく感じることがないではない。しかし、世話しているつもりの自分が、実は、一番仲間に支えてもらっている、生きがいを与えてもらっている。これは、毎回、研究会が

終わったときの実感であった。この場があるからこそ、自分の実践は鍛えられ、そして、授業からいつまでも多くの喜びを得ることができたと感謝している。
　「仲間」と呼べる、お世話になった人たちは、他にもたくさんいる。そして、このように振り返ってみて、自分がいかに仲間に恵まれてきたか、仲間によって支えられてきたか、そのありがたさを改めて感じる。齋藤祐樹選手のような心境である。

4．自分を高め続ける

　河村（2003）には、「教職を通して自分を確立するには、心を許せる同世代の教師仲間を、生活環境のなかで確保すること」とある。教職にやりがいを感じ続けるためには、教師仲間の支えがいかに重要であるかの指摘である。
　教師の仕事は、成果がすぐには見えにくいにもかかわらず、失敗はすぐに自分に跳ね返ってくる。また、これで終わりということがない。その状況でやりがいを感じるためには、課題に集中し、その成果や問題を客観的に受け止めてくれる仲間を持つことだ。そして、自分もその人たちの仲間として力になろうとすることだ。そして、このようにして得た仲間とともに、授業が楽しみで待ち遠しく思える毎日を送ろう。うまくいかなかったことを振り返り、失敗から学び、改善のヒントを得よう。
　少し厳しいことを言わせてもらう。全国各地で行われる研修会や講習会に参加してみると、集まって来られる先生方は、決して時間やお金があり余っているからそこに来ているわけではないことがわかる。少し行動することで得られるものがある。みんな、時間を作って、お金を工面してそこにいる。
　ぜひ、学校の内外に仲間を作って、自分を高め続けてください。

参考文献
河村茂雄（2003）『教師力（下）』誠信書房

🎲 歩く人が多くなれば、それが道になる

兵庫県三木市立緑が丘中学校　加藤京子

1. 願い続けていること

　20年を経ても折に触れ思い出す場面がある。中学3年生担任の12月、受験する高校を決定する二者面談の席であった。梨花(仮名)は第一志望の公立高校を受けることがすんなり決まった。学年生徒の1割しか行けない高校であるが、梨花は塾に通うこともなく勉強している。私が「A高校に行って、その後はどうしたいの？」と訊ねると、梨花は「うーん。大学に行きたいとは思っていますが…」と言ってにこやかな顔で私を見たまま首を傾けた。梨花の言葉を待っていると母親がおだやかに会話に入ってきた。しかしその言葉は予想しないものだった。

　「あまり頑張ってもあとで辛い思いをするよ、って言うのですが…」

　努力する我が子に「勉強はほどほどにせよ」と言わねばならない親がいるのだ。梨花の一家は在日韓国人であった。母が言いたいのは経済的なことではない。大学卒業後の社会のことなのはおたがいによくわかっていた。

　「そうですねえ。確かに国籍による差別は厳しいですね。悔しいです…でも、例えば教員について今あちこちの自治体で在日の方を講師に採用する動きが起こっています。世の中って多くの人が願う方向に少しずつ動いていくと思うのです。すぐには実現しないかもしれないけれど私はその方向を願って生きていきたいです」という私の返事を2人はおだやかに聞いてくれた。そのとき私と梨花の心にあったのは、私も中学3年で習い、梨花も習っている「故郷」(魯迅)の結辞「もともと地上には道はない。歩く人が多くなれば、それが道になるのだ」である。

　その翌々年3月、高野連は外国人学校の高校野球大会への参加を承認し、

207

また文部省は在日韓国人など日本国籍を有しない者への教員採用の途をひらくよう通達を出した。その後サッカー界などにも変化が起きる。そして、国籍条項の規定について道の無かったところを歩く人は増え続け、公務員や教師については今では管理職への登用が問題となっている。また、日本社会のより広い範囲で韓国・朝鮮文化への不当な偏見は減り、理解と尊重が生まれている。梨花はその後幼稚園教諭になり、私がしていたように担任学級の子どもたちとの写真を年賀状にして毎年送ってくるようになった。

　当然と思える権利も願い続け語り続け、求めて共に歩む人々が増えなければ実現しない。よりよい英語教育の為に、週あたりの時数、カリキュラム、学級規模、中高一貫か小中一貫かといった制度、教師養成のシステムなどな様々な提言があり議論があるが、いずれの方向に議論が進もうと、英語教師がその仕事を全うするために、そして英語教師の良心のために、必要な権利として私が願い続けていることがある。それは英語教員が英語力をつけそして維持するための英語 immersion 研修制度の充実である。

2. 英語 immersion 研修が必要

　もちろん英語教師としての力を支えるのは英語力だけではなく授業方法や指導技術などの授業力もある。授業力の研修も大切なことだが、大雑把に言えばこちらの力は日常生活を続けながら努力すれば教職経験に比例して増える。しかし英語力は日常生活を続けると経験年数に反比例する。断言してもいい、校務分掌、学級担任、そして部活動指導、この3つを要求されるままに3年やれば英語は使えなくなる。そして英語力が無ければ、実は指導技術も指導内容も伸びない。また、英語 immersion 研修に参加すると授業方法や指導技術も学べることが多いことに加え、自身が真剣に英語を学ぶ過程で新しい指導法を思いつくのである。私自身、定期的に授業法の研究会に参加することで授業や指導法を学び導かれたのだが、生徒たちと英語を使って語り合う教室空間を作ろうとするエネルギーや生徒たちをどのような英語の使い手に育てたいかというデザインの力は、数々の英語 immersion 研修と教室

外での実際の英語使用体験から得てきたのである。ここでは英語力の研修に絞って述べていく。

　英語で授業をするというのは、教師が一方的に英語を話すことではない。教師は楽しく(少なくとも楽しげに)話し、生徒に無理な我慢をさせることなく興味を持って聞かせ、しかも生徒たちが英語を使わなければならない。また教師は単に英語で話せばよいのではない。生徒たちにスピーチモデルを与え、「あんな風に話したい」と思ってもらわねばならないのである。

　だから教師が「英語で英語の授業」に自信が無い間は、英語だけを使いながら集中的に英語を学ぶ immersion 研修が絶対に必要である。ある程度英語で授業ができるようになってからも、中高生相手にばかり話していてはより良い English speaker にはなれない。成長がないのである。母語での会話であれ人は年齢とともに成熟していく。ALT を除けば大人と話す機会がほとんど無い英語教師は意識して研修しなければ年齢相応に英語を話す力が成熟するわけがない。いいトレーナーのいる immersion 研修が英語教師には定期的に必要である。

　必要な理由はもう1つある。世間に仕事上英語が必要な職業はあまたある。英語教師もその1つと思われているが、いささか事情が異なる点がある。商社マンやガイド業であれば仕事の年数が増えるに従い専門分野の英語力は伸びる。話す相手は対等な話し手であり、社会的なコミュニケーション場面の連続である。英語教師は、特に中学教師は授業で英語を使っても英語力は伸びない。なぜなら話す相手は不完全な英語話者であり、社会的な英語使用状況ではないからである。教師の英語力は授業をすることでむしろすり減るのである。私なども難しい語彙はすべて中学生にわかるレベルに変換して話し続けるせいで、百万円を超す研修費用を自分で賄って英語研修を受けても、易しい語彙で話す授業をしているうちに英語力が落ち、また研修に出かけまた表現力を無くし、の繰り返しである。

　「5年計画ですべての英語教師の英語力向上を図るための悉皆研修」1回では教師の英語力の向上も維持も無理である。文部科学省と都道府県教育委

員会は、全英語教師とまでは言わないが希望する教員には、毎年連続5日から10日程度の英語immersion研修が無料で受けられるような制度を作るべきだと思う。ちなみにimmersion研修は連続でないと意味がない。私が受けた上記の悉皆研修のほとんどはTOEICの練習だったのであるが、こま切れに1日ずつ受けるのである。すると前夜11時頃まで学校で仕事をして、その日は朝から英語を聞いて瞬時に答えをマークシートに書いていく。心の隅では研修が終わってからの仕事の段取りが気になっている。帰宅すればその日の自習課題の処理と明日の授業準備すなわちふだんの倍の仕事が待っている。生徒のことが気になっていることもある。脳の無意識領域まではなかなか英語に切り替わってくれない。軽い会話ならともかく速さと難度のある英語についていける状態にはなかなかなれないのである。

　現在、授業に必要な英語力をすべてでなく一部でも文部科学省負担で得た教師は、日本の中高の英語教師の何％いるだろう？　100人に1人で1％である。1％いるだろうか。

　「筑波中央研修」と呼ばれる研修があり、筑波の研修所で英語教育についての最新の研修を受けることができ、その研修成績がよければ海外の大学で2ヵ月の語学研修が受けられる、と聞いている。現在もあるようだが、各都道府県から年に1名だそうである。自分の市から1名出れば、次に自分の市に回ってくるチャンスは30年から40年はかかる計算になる。ほとんどの英語教師たちは自己負担と努力で英語力を維持しているのである。

　生徒は教師を選べない。教育の公平性という視点から考えると、すべての英語教員に、それが難しければ少なくとも希望する者に英語力を高める研修の機会を与えて欲しいと思う。そして私たち英語教員は文部科学省と都道府県教育委員会にもっと英語immersion研修を要求するべきだと思う。

3. 気軽に話せる英語力が欲しい

　「高校はともかく、中学校の英語を教えるのに大した英語力は要らないでしょう」と言う人は多いが、それは違う。高校教員や大学教員に必要な英語

力とは異なるが、オーラル面での初期トレーニングの責任と「英語とはいかなる言語であるか」という理解を与える責任が中学英語にあることを考えれば、中学教員の英語力はあればあるほどよい。教員として必要な英語読解力、文法知識、英文学の教養に加えて、「どんな場面でも英語を楽しく話す」力というのが欲しい英語力のイメージであるが、「話す自信」に加えて願わくは英語音の聞きとり方と作り方をきちんと教えられること、意味や感情を伝えるリズムとイントネーションが自在に操れること、英語のスピーチの作り方について初歩から中級まで実習も含めて学んでいること、が欲しい。スピーチを作ることは単に話すことではない。内容を考え原稿を作る段階で書く力も要るのである。

　音声面やスピーチ指導力について言えば、大学時代に将来生徒を指導できるだけの学習機会に恵まれた教員ははたしてどのくらいの率で存在するだろう？　特にスピーチについては話し方だけでなくその原稿を作る writing についても、充分には習っていない教師のほうが多いのではないかというのが私の実感である。スピーチの指導方法は初歩から中級にかけての段階で様々な指導方法があるのだが、学べば学ぶほどに奥が深い。私自身は教師になった頃は何も知らなかった。教師になってからの自主参加の研修と ALT との授業作りで学んだのである。

　「どんな場面でも英語を楽しく話す」力や「話す自信」は何から生まれるだろう？　海外留学が必要というのではないが、英語を母語としない人たちとの交流を含め教室外での英語使用の経験がかなり要るだろう。しかし大学4年間でどのくらいの経験が積めるだろう？　教師になってからでは、ALTと共に授業作りに努力するなかで学ぶことが多いが、逆に経験がないためALTをきちんと世話できずまた使いこなせずにいる、つまりうまくつきあえないでいる英語教師は少なからず存在する。教師になってからも改めて様々な場面で英語を使ってコミュニケーションを図る体験が学習機会として得られるに越したことはない。

　ちなみに皆さんは、自分が英語を学ぶためではない場面で「英語を話す力

が役に立った」という経験をどのくらいお持ちだろうか？　私の１番は、古い話になるが、ベトナムから小船で逃れてきて日本政府も渋るなか姫路カトリック教会が保護した「ボート・ピープル」を支援するボランティアに通った時である。案内され初めて出会ったときの、暗くした部屋の隅からうかがうように私を凝視する、凍りついたような眼を今でも憶えている。そこから次第に親しくなり、ベトナム料理をふるまってもらったりもした。2 番目はアジア支援の NGO のスタディー・ツアーに参加してスマトラ島に行ったときである。

　つけ加えると、英語教師は英語のネイティヴ・スピーカーとばかり話すのでなく、英語以外の言語の話者と交流する機会を持つといいと思う。私の同僚だった技術の教師はドバイ日本人学校に行き、帰国後は英語に変わり指導主事にもなった。彼は難しい単語を操るわけではないが、コミュニケーションの上手い実にいい英語話者になっていた。中東で英語を使い続けた 3 年間がそうさせたのであろう。

4．こんな英語 immersion 研修が欲しい

　私が過去に受け、教師としての英語力と授業力をそこから得て大いに感謝している immersion 研修についてより具体的にお話する。残念なことに今は実施されていない。若い先生がたや、ふだんは子育て・家事と仕事の両立で英語力を維持する余裕がないお母さん先生にこういう研修機会があれば、と思うが、増えて欲しい研修機会が逆に減っているのが現在英語教員を取り巻く環境である。

①県立教育研修所が実施する 5 日間の宿泊実技研修
　私が受けたものは、5 日間朝起きてから寝るまで英語で話すこと、というルールのもと、指導主事が選抜した ALT 数名を使って、スピーチ、リスニング、スキット、英語で進める授業法などについて 30 名の教員を指導した官費負担の宿泊研修である。これを企画立案し毎年実施する優れた英語指導

主事がおられたのである。当初は指定割り当て参加制だったが、教員から指導主事への要望がきっかけで希望参加制に変わると県下各地からやる気のある教員が集まり、一気に研修レベルも雰囲気も上がった。参加者はみな翌年も参加することを約束しあい、この実技研修から自主的に教員ネットワークが生まれ、ふだんから研修情報や授業アイディアを交換するようになり、県の熱心な英語教員を支える強力な砦となったのである。

　私はここでの研修仲間から得た immersion 研修を次々試していくとともに、またこの研修に参加するということを繰り返した。子育て中のお母さん先生は許可を受けて夜は自宅に帰って翌朝来るという形で研修を受けていた。英語コンプレックスも悩みも分かち合いながらの楽しい 5 日間だった。ESL や EFL の専門家がいるわけではないが、現場を知る指導主事と自主的で熱心な英語教師が集まると「英語教師を育てる」研修が作れるのだと思った。

　残念なことに、文部科学省による初任者研修の強化が始まり、研修は初任者中心に変わっていき日数も 3 日に縮小されている。

② LIOJ 夏季英語教員のためのワークショップ

　小田原にあった日本外語教育研究所が 7 泊 8 日程度で夏休み中に開催していた宿泊研修である。食費、滞在費も含め受講料は 13 万円程度だったと記憶している。運営は欧米式で実施され、日本語使用は厳禁、たくさんいる欧米人の講師たちは積極的に参加者に関わってくれた。午前中は事前に選んだクラスで学び、午後と夕食後には自由に講義を選んで受けるのである。「私ね、海外旅行に行かない年は必ずここに来るようにしているの」と言う参加者もいたが、費用対効果を考えると観光旅行などとは比べ物にならない英語力ブラッシュアップの機会だった。

　特別講師として招かれている国内外の TESOL の教師たちも多く、またタイ、フィリピンなどの英語教員も参加していた。日常生活を忘れ伸び伸びと研修を受けることができ、そこはいわば外国だった。私はここで「タイ語

immersion 研修」コースを取ったことがある。英語で英語を教えるためにどのくらい有用かは英語教師なら理解できるだろう。タイ文字が覚えられず私は四苦八苦したが、数年後タイ旅行に行き「右へ曲がって」という指示が理解できたとき「脳は覚えていたんだ」と感動したことである。

建物の老朽化に伴い耐震構造を持つ建物への建て替え問題が起こり、2006年4月LIOJは閉鎖されてしまった。非常に残念である。国内で英語教員がimmersion研修を受けられると、海外での研修の代替や橋渡しになっていいと思う。海外派遣に比べれば安い費用でできることである。英語を使う英語教師であれ、と言うならこのくらいの官費研修はあってもいいだろう。

③ CIEE 2ヵ月研修

国際交換協議会(CIEE)が行う、私費負担の英語教員対象の海外語学研修である。CIEEは文部科学省の承認団体であり、学校でも必ず情報が回覧される研修となっている。私が受けた1990年頃は2ヵ月コース1種類、1ヵ月コースが4種類程度あったと記憶している。「1ヵ月コースなら許可できる」という校長に粘り強く交渉し2ヵ月コースに参加させてもらったのである。

CIEEの担当者から筑波研修修了者の2ヵ月海外研修と同等の内容であると聞いているその内容は、7月20日から9月20日まで、アメリカの大学で1ヵ月研修、ホームステイしながら公立中学校で2週間の実習、移動と観光に2週間というものであった。この研修から学んだことと得た恩恵は計り知れない。車が1台買えるくらいの費用はかかってしまったが、おかげでその後の教室での教師生活がどれだけ楽しいものになったことか。何を学んだか得たかはここでは書ききれない。

日本各地から参加した30名の中高の英語教員だったが、半数ほどは県独自の英語教員研修制度による県費負担の研修参加者だった。

その後、職場の多忙化と夏休みの勤務強化が進み2ヵ月コースや1ヵ月コースに申し込む教師が少なくなったのだろう。また県費負担の研修制度が

減少したのかもしれない。現在はもっと短いコースがあるのみである。

　CIEE でなくても、イギリスやアメリカ、オーストラリアには様々なよい語学研修があると思うが、参加者の目的やレベルをうまく選ぶのは難しい。英語教員向けの研修であればレベルだけでなく内容も手堅い。しかし中高の現場ではよい研修情報が得難いのである。英語教員向けの海外英語研修情報が得られる仕組みがあるといいのにと思う。

　アメリカに行って2年後、CIEE の中学高校生研修ツアーの引率者としてイギリスに行き、私自身も大人の3週間コースに参加したことがある。ドイツ人とスペイン人の英語教師、イタリア、フランス、ポーランドの大学生といったクラスメートと学び、多言語文化の中での英語の位置というものを考えた3週間だった。毎年夏季に行われており誰でも参加でき、クラス分けテストがあるので自分の力に合うコースに振り分けられる、面白く役に立つ研修だったが、自力では見つけることはできなかったと思う。

5. 英語は対等に話すもの

　上記の研修を通じて、英語を使う上で私が得た重要ルールが2つある。

　第一は、「英語の上手さを図る尺度は1つではない」ということ。この研修に出るまでは「英語がうまい」とは、語彙や慣用句をよく知っていて流暢に話せることだと漠然と考えていたと思う。それも上手さの1つ。しかし、相手の主張や感情を的確に読み取る力、相手と自分の文化的な違いを見定める力、政治・文化についての広範な知識からくる理解力、全く異なる文化や習慣を受け入れる柔軟さ、語彙力の不足をカバーしストラテジーを使う機転、おだやかに自己開示する力、自分の意見を持っていることなど魅力ある英語話者としての特徴は様々であることに気付いたのである。この気付きはその後、当然私の生徒観や指導観に影響を与えていくのである。

　第二は、「英語は対等に話す」である。研修の一環として課された、難しい英語を速いスピードでまくしたてる相手へのインタビュー中だった。聞き取れなくて困った私は授業で繰り返し練習させられていた management cues の 1 つを思わず使い、わからない語句の意味を尋ねたのである。使った途端、相手は丁寧に繰り返してくれ、英語力が絶対的に劣る私にも対話をコントロールする力が与えられていることを知った。私はこの時初めて management cues は、英語力の異なる 2 者が対等に話すための道具であること、英語での対話は英語力の劣る者にも対等に話すことが求められること、を学んだのである。

6. 兵庫県知事に直訴

　兵庫県にかつて貝原俊民という知事がおられた。忙しい公務にも関わらず、貝原知事は県民と面会して要望や意見を聞く日を月に 1 度設けられた。私は広報で知るやすぐに「ALT の増員への手立て」と「英語教員のための長期研修休業制度の設置」を要望して申し込んだのである。1989 年頃のことである。

　当時、兵庫県では県立高校に遅れること数年、市町村立中学校への ALT の採用が始まっていた。幸いなことに勤務していた市の教育長がまず 1 名採用を決め、1988 年からティーム・ティーチング（TT）を始めていた。TT はすばらしい。なにより生徒のためになる。なぜなら教員が海外研修をしてきて熱心に生徒に語ってもそれは単なる「お話」であるが、ALT との交流は直接体験だからである。しかし 1 名を市内全校で分け合うのだからとても足りない。採用に二の足を踏んでいる自治体も多かった。増員に向けて県の支援があれば恩恵を受ける中学生が増える、と考えたのである。

　また、ALT と TT を始めると英語の授業は基本オーラルですすめるものだとわかってくる。授業の打ち合わせをするのにもっともっと英語力が欲しい。ALT を増員すると同時に英語教員の研修機会も欲しい。そこで、英語科教員の英語力研修の必要性から、無給ながら身分保障をしての長期語学力向上研修を認め、休職中は臨時任用の講師を充てるものとすれば、県の給与財政にしわ寄せは行かないからいかがでしょうか、という提案をしたのである。

3　歩く人が多くなれば、それが道になる

　結果的に言うと、知事はその場で「一考に値する意見だと思うので、県の教育長には私から必ずこの意見を伝えます。しかしながら教育と政治の分離という原則があり、県知事であっても教育分野のことについては教育長に命令はできないということを承知置きください」というようなことを言われた。後で県庁から届いた返事も同様であったと記憶している。世間知らずが向う見ずに言いに行っただけに終わったが、貝原県知事の人徳に触れられたことは悪くない経験となった。その後は気持ちを切り替え、自分が参加できるimmersion研修を探し、次々行動したのであった。
　ALTについては、その後兵庫県下では雪崩を打つがごとく採用が増加する。兵庫はあっという間にALTの採用人数では全国のトップクラスに位置するようになった。私の提言とは関係無しである。

7．長期研修休業制度

　それから10年経った、平成11年の秋だったと思う。朝の職員連絡で「新しい研修制度が実施されます。関心のある人は早めに申し込むように」と聞き、驚いた。回覧文書で確認し、「長期研修休業制度実施要項」という名の、私がかつて要望した研修制度が平成12年4月1日から始まることを知る。文部科学省がこの年度から設置する大学院長期研修制度を包括する形で、兵庫県の制度は研修先が大学院に限らないことと6ヵ月以上3年以内という期間設定になっていた。無給ではあるが、英語力をつけるための長期研修ができるのである。費用はかかるし7年以上勤務という規定もある。しかし、7年準備すれば6ヵ月研修に行くことも無理ではないだろう。嬉しかった。けれど心の中でこうつぶやいた。「ついに来たか！　でもちょっと遅かったね。もう私には授業ができる時間は10年しかないのよ。授業が一番。若い先生がたに利用してもらってね」
　この制度が私の要望によって設置されたとは思わない。しかし私が自分の要望を伝えに行ったことでその考えが誰かに伝わり、同じような考えを持つ人の意見に包含されながらそういう制度への理解と共感が拡がっていった可

能性はある。貝原知事もあの時、悪くない考えだと認めてくださっていた。周囲で大勢聞いていた人もいた。誰かがそういう制度があってもいいなと思ってくれたかもしれない。

　実施された制度は英語に限らず全教科にわたっている。私の身近でも利用者は枚挙にいとまがない。深く研修するためだけでなく、極度に忙しくストレスにさらされ続ける職場から一時避難し教える意欲を取り戻すために学ぶ者もいる。英語が上手で英語で授業をしようとするのに、学校の状態は困難で苦労している初任の先生が「もっと英語の力をつけたいんです」という。この制度のことを話すと目を輝かせた。「7年かかるけど、行けると思えば希望が持てるよね。7年かければどこに行くか準備もできるしね」と2人で話し合った。教師として歩む日々、自分が英語教師なのか生活指導員なのかわからないぐらい困る日もあるだろうが、この研修制度が彼女にとって希望の灯、勇気の灯となって欲しいと思う。

　もし、あなたの県に文部科学省の通達通りの「大学院長期研修制度」しかないなら、どうぞ仲間とともに要請行動をして欲しい。そしてすべての英語教師は、私費であれ官費であれもっともっと英語研修を要求していくべきだと思う。現在のように英語教師の良心に照らして絶対必要だと思う英語研修が、すべて自己負担というのは不当でしょう。土日も夏休みも部活動指導を「義務」づけられ、自主研修にも参加し辛い勤務状況はおかしいでしょう。

　このエッセーの最後にこういうことを書くのは辛い。しかしもうすぐ定年を迎える私がこれからの英語の先生がたの苦労を思う時、その思いは20年前の梨花の三者面談をしているときの私の思いに重なるのです。

　「もともと地上には道はない。歩く人が多くなれば、それが道になるのだ」
　強く歩んでください。

⑬ 目の前の生徒の教師になるということ

筑波大学附属中学校　蒔田守

1. 大学の教育実習直前指導で

　大学の教育実習直前指導に参加する機会を得た。今日、時代は変わり指導技術も研修・教育制度も進んでいるにはずだろうと期待して臨んだ。しかし学生の中には様々な指導技術を学んでいるにもかかわらず、自分が受けてきた訳読式の授業以外思いつかず、マイクロレッスンの準備が進まずに困っている学生がいた。心が重くなった。

　「英語の授業は英語で行う」とこれだけ話題になっていても、訳読の授業しか経験のない学生が、実習生や教師となり訳読で教える学校へ赴任したら、当然のことながら訳読の授業を行うであろう。生徒に予習で訳させ、授業で答え合わせする訳読授業の再生産である。この形態では、生徒の英語への興味・関心を高め、英語力を付けさせることは困難である。

　学生にとって必要なのは、実行可能でチャレンジングな良いモデルに出会うことだ。何度でもよい授業ビデオを見て、指導者の発話を書き起こし、指示の仕方やタイミングを学べば、生徒への対応や授業全体の仕掛けを見抜く目を養うことができる。

2. 授業とは何かを考える

　教壇に立ち 32 年目。授業はいまだにスリリングだし、時として怖さを感じる。私は根が臆病なので、何年か前には授業の直前に同僚と、「授業が思い通りに行かないからと言って、自分たちの教材研究や準備が価値を失うものではない」と声を合わせて互いを励ましてから教室に向かったこともあった。教師の生活は忙しい。だからこそ「攻めの姿勢」を忘れずにいたい。「さ

あ、どうだ！」と思えるものを1つでも携えて教室に向かいたいと思っている。
　その授業について最近は次のように考えている。
　授業とは、

①目の前の担当生徒が成長するためには今何が必要なのかを見抜き、
②その必要を満たすために教材を適切にアレンジし授業を準備し、
③今の自分に与えられた時間や知力・体力の範囲内で誠意を持って生徒とともに創り上げるもの

　この10年間で指導者の英語力は飛躍的に伸びた。先生の英語が上手になったわけだ。しかし生徒の英語は残念ながら先生の英語の足下にも及ばず、学ぶ意欲も乏しく、苦手意識ばかりが目立つ英語教室がいまだに多く見受けられる。教師は上手なのになぜ生徒に英語力が付かないのか。これは教師が生徒の「必要」を見抜こうとせず、教材中心の授業を進めているからだと私は思う。
　いくつかの教室では、まずbe動詞と一般動詞を区別することや「綴りは発音を表している」ことを明示的に知らせることからはじめなければならない。「必要」は、英語だけに限定されず、生徒に教科書を持ってこさせる、きちんと座る、教科書は手に持って音読する、教師の目を見て話しを聞くなど生徒指導とも密接に関わってくる。また、発表活動では発表者の指導以上に聞く生徒の態度育成が必要だ。そのためにはフロアーの生徒に課題を与え、能動的に発表を聞かせる。例えば優れた発表者はなぜ上手なのかその秘訣を自分の発表に生かせるようメモさせたり、平均的な発表者に対しては改善点を探らせる課題を与えるだけで聴衆の態度は一変する。聴衆がしっかり聴こうとすれば、その態度に支えられて発表者は自己ベストのパフォーマンスが可能となる。こうして発表のレベルは上がっていく。
　このように預かった生徒の実態を把握し、達成可能な課題を積み重ねる計

画立案と実施こそが教師の役割である。そのために教材を工夫し目的に適したかたちにアレンジすることが授業準備となる。

　これらのことを与えられた時間・知力・体力の範囲内できちんと仕上げ、誠意を持って生徒とともに創り上げる営みを授業と呼びたい。

　先生方が「なぜ聞き取れないんだろう」「なぜ上手く発音できないんだろう」「なぜ上手に読めないんだろう」「なぜ綴りを覚えられないのだろう」と疑問に感じたら、必ず解決の鍵が隠されている。そこから解きほぐしていけば、生徒の英語力は必ず付いてくるし、英語好きの生徒が増えること間違いない。だってどの子も英語ができるようになりたいと願っているのだから。

　授業に関して気をつけることをもう1つあげる。上手な授業を見た後に感じる焦りや無い物ねだりは禁物だ。今の自分や今の生徒を生かすことを第一に考えることだ。若い先生なら若さを生かしてはつらつと、ベテランは経験を生かして燻し銀のような光を放つ授業をしたい。なぜなら今の自分を生かせる教師は、今の生徒の良さを生かした授業ができる。生徒が授業の延長線上に自分の明るい未来を透かし見ることのできる授業がしたいと願う。

3.「教師になることの難しさ」をどう乗り越えたか

　とはいえ教師になることは難しい。どんなに経験を積んでいても初めて出会う生徒にとって私は「ただのおじさん」だ。「ただのおじさん」がその生徒にとっての「先生」になるためにはそれなりの時間と段階を踏む必要がある。今でも出会いは緊張の時だが、特に新任からの数年間は「先生」になれずに苦労した。

　高校では英語で進める授業を受け、大学では授業を英語で行う訓練を受けたにもかかわらず、それを実現させるまでに10年かかった。大きな回り道をしたようにも思う。以下にどのようにして「教師」になっていったか、その過程を述べる。

　まずは自らの英語学習履歴を振り返る。小学生の時には、在日米軍放送に耳を傾けワクワク感を味わっていた。1966年ビートルズ来日の際には、近

第 7 章　特別エッセイ

所のお兄さんの雑誌ミュージックライフを借りて「英語の看板でビートルズを迎えよう」の記事を読むが、小学生には何のことだかわからず、「英語ができたらいいのに」と心密かに思っていた。

　公立中学校で英語学習を開始し、三井平六先生の NHK ラジオ講座「基礎英語」で、英語独特のリズムや音変化、脱落などがあることを自然に気付くことができたように思う。続基礎英語は、途中で挫折し、以降近所の塾に中学卒業まで通うこととなる。

　都立新宿高校では、澤正雄先生、伊部哲先生の英語で進める授業を受け、現在の教師としての核が作られた。国際基督教大学で吉澤美穂先生、升川潔先生から学んだ GDM が英語教授の雛形となっている。また、4 年間武蔵野 YMCA でボランティアリーダーとして活動し、子どもたちをどのように共感的に理解すべきか生徒理解の基礎をスタッフや先輩リーダーたちから学んだ。

　高校・大学と英語で進める英語の授業に浸り、その方法論もしっかり学び、英語自体の訓練も十分受け、生徒の共感的理解の方法もボランティア活動を通して身体で覚え、すぐにでも英語で進める英語の授業が展開できるだろうと期待して公立中学校の教師になったが、私は初任の年からつまずいた。

　担当した 1 年生のクラスで自己紹介した際に「僕の名前は…」と言ったとたんに生徒達は大笑いしはじめた。その地域では「大人は自分のことを「オレ」と呼ぶものだ」と生徒達は主張した。今にしてみれば周りの教師がみな「オレ」と言っていたとも思えず、生徒に舐められたのは私に欠けがあったからだと思う。

　当時何とか授業の体をなしていたのは 1 クラスだけだった。たまたま 1 学期に大学の後輩が授業分析のために授業を録画に来た。唯一の「希望のクラス」では、筆者は何とか教師として認知されていたため、授業は英語で進められ、生徒は自ら机を叩くなどしてリズムを刻み反復練習していた。しかし、その他のクラスでは、「大人の男として認めるに値しないヤツ」とレッ

4　目の前の生徒の教師になるということ

テルが貼られ、その後、卒業するまでの3年間、一人前の教師として認められず、足取り重く教室に向かう日々が続いた。3年生になっても、授業中に紙飛行機が飛ぶ教室があり、それを制止できない自分が何とも情けなかった。こうして最初の3年間が過ぎた。初めての卒業式を、半年以上も前から指折り数えて待っていた。そんな自分が今でも情けない。

　3年担任留め置きとなった4年目が転機となった。荒くれ学年の担任が手に焼いている生徒の担当を任された。救いはA先生という同年代の社会科教師との出会いだった。地域のツッパリ生徒もA先生に一目置き、本校生徒からは「大将」と呼ばれ、信頼されていた。それからA先生をモデルに何をどの手順で指導するのか、徹底的に観察した。そして、彼をまねることからはじめた。

　最初にまねたのは、歩き方だった。廊下の真ん中をノッシノッシとゴリラのように歩いた。微笑みを絶やさず、しかし目は笑っていなかった。すると以前は生徒を避けて廊下の端を歩いていた私が廊下の真ん中を自然に歩けるようになった。同時に「A先生なら何というだろうか」と自分の中に「A先生の目」を持ち、彼がどこを落としどころに指導するか、共に生徒と交わる中でその実際を学んだ。単なる「まね」からはじめたが、1年で自分の中のオドオドが消えた。生徒たちとの関係も改善されていた。まねるという言葉は、「まねる」→「まねぶ」→「まなぶ」と転じて、「学ぶ」という言葉ができたと後日知った。

　A先生は私によくこう言った。「オレはマキちゃん（蒔田）みたいになりたいよ。いい指導してるもの。でも、オレはオレだし、マキちゃんはマキちゃんだからな。マキちゃん、もっと自分の指導に自信を持ちなよ。オレはマキちゃんのやり方、好きだよ」A先生に助けられた時代だった。私は今でもこの言葉に支えられている。

　A先生は生徒をよく叱った。大声で怒鳴り飛ばした。しかし、その指導は的を射ていた。さらに基本には、「この生徒はいいヤツなんだが…これさえしなけりゃ」といった生徒理解に基づいていた。A先生独特の愛にあふれて

いた。「授業・教育は生徒理解だ。「愛」がなくては伝わらないものだ」と確信したのはこのころだった。

それから数年間は、おもしろいように生徒と活動できた。学校行事にも部活動にも、のめり込んでいった。

4. 10年目にしてようやく実現

10年目の夏、教育センターの研修で若い非常勤講師が研修講師として招かれていた。ビデオの中で、その教師は担当クラスのいじめ改善を呼びかける授業を英語で行っていた。自ら身につけていた上着やシャツやネクタイをビリビリ引き裂きながら、生徒にわかる英語で、いじめの卑劣さや悲しさを伝えようとしていた。その時、私の目から鱗が落ちた。なぜ教師になろうと志したのか。生徒に英語の楽しさを伝え、生徒の人生を豊かにする手伝いをしたかったのではなかったか。

その夏休み明け、9月の最初の授業で、担当の2年生に「これから授業は英語で進めて行きます」と話した。若い同僚は、「アチーブメントテストが3学期にあるのに平気なんですか？」と茶化すようにたずねた。2学期中間テストでは、その同僚の学級と平均点で10点差がついた。情けなかった。同僚は今までの方法に戻すよう勧めたが、今さら後戻りする必要は感じなかった。英語で進める授業に生徒も慣れておらず、何よりテスティングのポイントが異なっていたのだから仕方がなかった。我慢の日が続いた。

それでも、3学期のアチーブメントテストまでには、同僚クラスとの差をなくすことができた。考えてみれば、新任の時でさえ、英語で授業を進める訓練は十分に受けていたのだし、さらに目の前の生徒たちに教師と認めてもらえるだけの器へと変えられていたのだから、生徒が教師を信頼して、しっかり英語を聞き、話し、読み、書く練習に励んでくれた結果としては当然かもしれない。こうして10年かけて英語で進める授業にたどり着いた。

おわりに

　実現可能でチャレンジングな課題に出会うことが必要なのは学生や生徒ばかりではない。現役の教師も同じことだ。私がそうであったように本来その力を授かっていながら、その力を発揮できずに悩む教師が多い。多忙な教師生活の中ではあるが、ぜひ巡り会うべき人に出会って欲しい。そのためにアンテナを高く掲げ、自らも発信することを続けて欲しい。

　私が英語で授業を進めるようになって2年目、関東地区の大会で授業を公開する機会を与えられた。その授業直後に1人の若い教師が授業参観の感想を伝えに私のもとへ歩み寄った。その教師は何と英語で私に話しかけてきた。何年かして再会した際になぜあのとき英語で話しかけてきたのかたずねると、「授業を見ていて、この先生には英語で話すべきだと思ったから」との返事が返ってきた。その人こそ現任校に勤務するきっかけを作ってくださったB先生で、現在は同僚として切磋琢磨している。私はこのようにして巡り会うべき人に出会った。同志のような絆を感じている。

　中学生・高校生といった若い人たちと生活し、その成長に携わることのできる教師として働ける喜びをひしひしと感じる。回り道に見えたあの10年間もやはり教師としての根っこを太らせる大切な時間だったことがよくわかる。道はそれぞれ異なっているが、1人ひとりに歩む道が与えられ準備されているように思えてならない。生徒も学生も教師も親も、それぞれの立場でその道を見いだし、迷うことなく歩み続けることができるようにと願う。

　辛抱の向こうには、必ず喜びの時が待っているのだから。

　教師生活終了へのカウントダウンに入った。ここまで歩んでこられたことに感謝しながら、次世代へのバトンタッチをどのように行うか、これが私に与えられた「実現可能でチャレンジングな課題」である。

　「今の私にできること」を大切にしながら、今までできなかった授業を創り出せるか試してみたい。

第 7 章　特別エッセイ

⊠ ずっと覚えておいてほしいこと

関西外国語大学　中嶋洋一

はじめに
　教師は、生徒に夢を与えるのが仕事である。ただ、欲張らないことだ。奢りも禁物である。あくまでも、教師の仕事は「きっかけ作り」である。そして、教師自らがロマンを語り、自分も夢を追いかけているという姿を見せ続けることである。
　そんな教師になってみたい、そんな教師を目ざしたいという読者のみなさんに、教師を続ける上で、ずっと覚えておいてほしいことを3つだけ伝えておきたい。

1．ぶれない「理念」をもとう
1.1　すべては「ねらい」から始まる
　これまで、筆者はいろいろな方とお会いし、実際に話をお聞きしてきた。書かれたものも読ませていただいた。その結果、自分が納得できたことは、すべてその人の「理念」に起因することが分かった。決してテクニックではないのである。
　研修会や研究会で知った実践を真似て、50分間「見事」に組み立てられた授業を見たことがある。やる気があり、研修会にもよく参加している、将来を期待している先生だったが、正直言ってがっかりした。どこかで見たことがあるような活動（葉っぱ）を集めてきただけで、その教師の「理念（根っこ）」がどこにも見られなかったからである。一体、どこに向かおうとしているのか、どんな力を何のためにつけようとしているのか、全く見えなかったのである。

このような授業は、残念ながら全国至るところで見られる。理由は簡単、楽だからである。コピーしてすぐに使えるようなワークシートを集めた本が飛ぶように売れているという。「忙しくて、教材研究の時間がない」「活動を真似てみて、そこから学ぶことも大事だ」と言う人がいる。確かにそうかもしれない。

　だが、「忙しい」と言う前に、優先順位が考えられているだろうか。通常、学校では「生徒理解→教科の指導→校務（学年）分掌→学級事務→部活動」の順となる。部活動の指導が先頭に来る教師がいるが、本末転倒である。ただ、日によって優先順位は違ってくる。それを素早く判断しなければならない。

　そもそも、教材研究は授業前にするもの、職員室や家でするものと勘違いしていないだろうか。よく、講演会などで「私は、教材研究を授業中に行っていた」と言うと、大概の人が驚かれる。

　筆者にとって、教材研究とは教師が新しい視点を得ること、学習者の学習心理や動機につながる要因を知ることを意味する。だから、生徒を活動させている間に丁寧に観察をし、少しでも多くつぶやきを拾う。さらに、彼らの考え方や意見を分析し、教師が想像もできなかった情報を集めて、大きめの付箋紙にサッと書き込む。授業中、「そうか！」「そういうことだったのか！」と、新しい発見があるたびに心が躍るものである。

　授業中、教師が延々と説明をしている限り、考える時間など生まれてこない。ふと、「この子はなぜこう考えたんだろう」「この答はどこから出て来たのだろう」と思うことはあっても、先を急ぐので自分があらかじめ用意しておいた方向に導いていく。「なぜ、そう思ったのか」と尋ねる心のゆとりがないのである。

　筆者は、常々、授業をもっとシステマティックにするために2つのことが大切だと言っている。1つは、役割を与えて使命感をもたせることである。

　授業では、ペア学習やミニ・ティーチャーを使った活動を取り入れる。ペアは、ソシオメトリック・テストで互選し、ミニ・ティーチャーは教師の代

役として机間指導をしながら、ヒントや応用問題を作って与える。

2つ目は、すべてにねらいや意味があることを知り、それを踏まえて学習活動や言語活動を仕組むことである。

つまり、活動やゲームのねらいを考えること、学習形態（全体、個人、ペアやグループなど）のねらいやメリット、デメリットを知り、どこで使えばより有効になるかを考えることである。さらに、生徒同士が関わり合うような場面、互いに教え合うような場面、よきライバル同士で自作問題を交換して解きあうような場面を創り出すことである。

教師がすべてを仕切るのではなく、「基礎・基本」として徹底的に「型」や知識を教えた後は、コーチング（個々にアドバイス）とメンタリング（よいモデルや、問題発見のためのモデルを用意）を有効に使う。

1.2　ものまねから「理念」は生まれない

他人の考えた活動を取り入れた授業で満足していないだろうか。「楽しそうに活動していた」ということだけで「よし」として、もう心は次の単元に向かっていないだろうか。いくらよい活動であっても、分析もせずに「やりっぱなし」「やっつけ仕事」にしていては、何年経っても成長できない。教師の「知的年輪」は増えていかない。

大切なことは、活動後に、生徒に自由記述で「何が楽しかったか。それは何故か」「もっとやってみたいと思ったことは何か。それは何故か」といった項目から情報を集めておくことである。

通常、自分が考えた教材は、子どもたちがそれをどう受け取ったか知りたくなるものである。力を入れた分、こだわりも生まれている。だから、授業後に生徒の感想が知りたくなり、アンケートの自由記述で「印象に残ったことは何か。それは何故か」「やっていておもしろいと思ったのはいつか。それは何故か」「つまらないと思ったのはどこか。それは何故か」と問いかける。

準備したことがうまく行ったときは、「なるほど、生徒たちはこういうこ

とを求めているのか」という原理を学び、うまく行かなかった場合は、「ここの段取りを失敗したからだな」「発問が分かりにくかったんだな」というように自己分析をすることが大切である。「何故」と問いかけることによって、学習者の心理を読みとれるような事実が浮かび上がってくるのである。

　残念ながら、人真似の活動ではそのプロセスがない。どんな力をつけるための活動かを真剣に自分で考えたものではないからだ。いくら有名講師が紹介した活動でも、指導する教師の「理念」がなければ、生徒にとってはつまらない活動になる。うまく行かなかった時に、決して、「あの人だからできるのだ」という言い訳で終わらせてはならない。抜けたのは本人の「理念」なのである。「理念」がなければ、段取りの緻密さ、手順の明確さ、指示などがすべて中途半端になってしまうものである。

　指導者側が「50分もてばいい」「明日の授業で使える活動がほしい」「この言語材料でできる、何かおもしろい活動が知りたい」といった自転車操業の考え方でいる限り、子どもたちが本気になることはない。何ごとも、「理念」があるかないかで決まると言っても過言ではない。

　教育とは人が為すものである。いくら知識が豊富でも、指導技術に長けていても、「理念」のない教師に生徒はついてこない。「理念」とは「経験」に裏打ちされた「確かな概念」がその人の豊かな「人間性」によって昇華した姿である、というのが筆者の持論である。筆者が考える「理念（人生哲学、人格、徳性）」を相関図で表すと次の図のようになる。

　もうお分かりのように、理念は「知識」「経験」「人間性」という3つの要素の中心に位置するものである。

1.2.1　「概念」とは何か

　いくら知識が増えても、それを意味づけるような豊かな経験がなければ「概念（正しく認識し、実際に使えること）」にはならない。他の人に説明するときも具体的には言えない。「例えば」と、相手が認識しやすい事例を持ち出すこともできない。

第 7 章　特別エッセイ

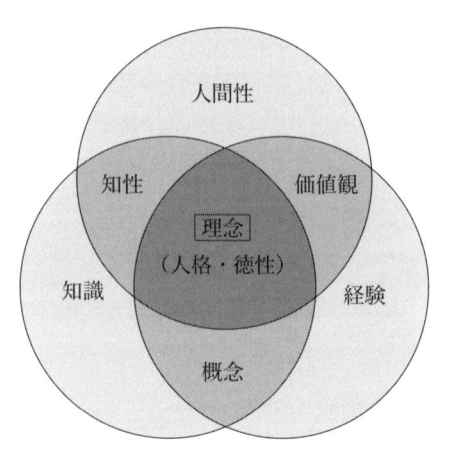

図　教師の「理念」が作られるプロセス

　「概念」とは、事物が思考によって捉えられること、表現する時の思考内容や表象、また、その言語表現の意味内容、個々の事物の抽象によって把握される一般的性質である。その判断基準になるのが今までの経験である。勘違いしてはいけないのは、学習の目的は知識の獲得ではなく、「概念形成」だということである。多くの知識をもっているだけではなく、それを実際に使えるようになること、知恵にできることが大切である。
　筆者は、今、自分の頭の中にある概念を、読者のみなさんに分かるような言葉を使って書いているつもりである。もし、筆者の「概念」が明確でなければ、また使っている言葉が分かりにくければ、読者のみなさんは混乱するだけである。
　人は、知っていること、もっている知識を、より「確かな概念」にするために一生学び続けている。だから、歴史でも科学でも、新しいことが発見される度に驚きワクワクするのである。
　講演会やワークショップに行くと、セミナリアンと呼ばれる人たちがいる。刺激を求めて、あちこちの研修会に参加している人たちである。熱心なのはいいが、聞きっぱなし、メモの取りっぱなしになっているため、悲しい

かな、確かな「概念」にまで高められていないのが現状である。だから、いつまで経っても授業が変わらないのである。メモというのは、あくまでもノートに講師が言ったことを書きとめただけであり、整理して本当に自分で理解したことではない。

　もし、本当に理解したのなら、何も見ないで例を示しながら相手に説明できるはずである。

　研修が終わった後、何を学んだのかを仲間と振り返ってみる、家に帰ってノートに、項目ごとに分けて自分のことばで自分の実践や関心に絡めながらまとめてみるということが必要である。概念化をするには、このようにきちんと言語化をすることが欠かせないのである。

　もし、自分の授業を「本気」で変えたいのであれば、入力(刺激)ばかりを追いかけるのを止め、「自己責任」が生まれる行動にとりかかることを勧めたい。

　それは、人に向けての出力であり、人前での発信である。例えば、何度も研究授業を行って授業を見てもらうこと、人前で実践発表をすること、ブログやML(メーリングリスト)などで自分の考えを多くの人に読んでもらうこと、などである。誰かの評価を得ること、人前でやることが自分を本気にさせるからである。

　クラスでする、スピーチや音読の試験も同じである。人前でやると、真剣にならざるを得ない。恥をかきたくないと考えると同時に、人に認めてもらいたいという気持ちになるからである。自分の授業を公開しなければ、指摘をされることもない。教科書を先に進めるだけの教師人生、コップサイズで満足するような教師人生では寂しい限りである。

　可哀そうなのは、そんな教師から学ばざるを得ない生徒たちである。「生徒は教師を選べない」ということを、どの教師も強く自覚しておきたい。

1.2.2 「経験」とは何か

　「体験」とは、自分の身をもって実際に行うことであり、個性的な意味合

いをもつ。一方、「経験」は、自分で実際に体験したことを通して、知識・技術などを身につけることを言う。「いい経験になった」と言うことはあっても、「いい体験になった」とは言わない。これは、「経験」とは、失敗であれ、成功であれ、教訓を得たということを意味する。だとすると、経験とは体験を通して「何かを学び取った」状態をいい、体験が昇華した状態と言える。

Haruka Ako

人間は「経験」の動物である。そして、「経験」は人生の教科書にもなり得る。自分が「経験」したことが、ものごとの判断基準になるということである。

先に述べたように、何も見ずに説明することができないようでは、断片的な雑学的な知識であり、脳の中で「体系化」「構造化」されていないということになる。概念にならないのは、体験（実際にやったこと。個によってその内容は異なる）が、経験（教訓として学んだことを振り返れる状態。共有し、一般化できること）にまで昇華されていないためである。1回1回きちんと整理をして、体験を経験にまで高めておかないと、「〜したことがある」程度にしか語れない。必要なのは、自分のことばで「言語化すること」である。

さて、ここまで、確かな知識と豊富な経験が「概念」をつくるのだと述べてきた。ただ、そのままでは、概念はまだ理念にはならない。「理念」への切り札になるのは、その人の「人間性」である。

1.2.3 「人間性」とは何か

多くの識者、よい結果を導き出している指導者たちには、豊かな「人間性」がある。人のためになることを志し、人を育てることを大切にしている。個人の利潤を求め、自分だけが幸せになろうとする人間には、人は惹かれな

い。

　今、過去を思い起こしたときに、心に残っている教師とはどんな教師だろうか。それは、技術だけであなたを導こうとした教師ではなく、人間として尊敬できる教師ではなかっただろうか。あなたに対して真剣に向き合ってくれ、最後まで付き合おうとしてくれた教師ではなかっただろうか。「形だけのものは心に残らない」「何をするときも、心を込めなければならない」ということを教えてくれた教師ではなかっただろうか。そんな人間性のある教師の考えに、教育の本質が宿っていたのである。

　図で示したように、「人間性」があればこそ、知識が「知性」や「知恵」に転化するし、経験が「崇高な価値観」につながるようになる。

　豊かな人間性は、謙虚に生きること、当たり前のことをごく普通にできること、多くの失敗や挫折を経験することから作られてくる。人生に無駄な体験などない。ぜひ、「おかげ様で」と感謝するとともに、「学ばせてもらった」ことを「経験」にまで昇華してほしい。単なる知識で終わらずに、にじみ出てくるような「知性」にまで高めてほしい。

　「理念」と聞くと、何か崇高なものであり難しいのではないかと考えてしまいがちだが、そうではない。子どもをよくしたいという強い情熱さえあれば、そのために何が必要かを考えるようになり、たとえ日々の営みは小さくとも、「理念」の基になる「信念」「信条」がすくすくと育っていくものである。

　筆者の「理念」の根源は初任校にさかのぼる。筆者は、先輩たちから「自分のことを『先生は…』というのは奢りであり、恥ずかしいことだ」「いくら、生徒に対してであっても、謙虚であらねばならない」と教えられた。だから、「中嶋先生」と言われたときは、「頑張らねば」と奮い立たされた。

　初任校では、給料をもらう度に、これに見合う仕事をしていかなければと気持ちが引き締まった。最初の冬の賞与のときは、その額（学生時代は考えられないようなお金）に本当に驚いたことを今でもよく覚えている。そのときの気持ちは今も変わらない。

人は、給料の額で仕事をするのではない。自分が任される仕事をもらったら、人に喜んでもらえる仕事にまで高めていく。それが、私たち人間の生きる価値であり責務ではないだろうか。

2. 学校は卒業式のためにある

　学校は、卒業式のためにある。これを忘れてはならない。「どんな生徒を育てたいのか」というゴール（ジグソー・パズルなら最後の仕上がった絵）を明確にして、どう協力し合えるかを具体的に考えることが、学校経営の要である。卒業式で師弟が共に成長を喜び、別れを惜しんで涙を流す。そのようにたくましい生徒を育て人間関係を構築していく。その最後の姿を全教職員で共有しあうことである。

　学校は組織で動く。教育計画や年間指導計画を立て、方針を決めて校務を行っていく。その土台となるのは、人と人のつながりである。教師が、学校生活で真っ先に学ばなければならないのは「人間学」であると言えよう。

　人間に興味をもち、心がうごく関係づくりを目ざす。それを真摯に追究しようとしない教師は、真の指導者にはなり得ない。

　スポーツの世界や芸術の世界では、監督や師匠という存在がある。「人間学」を極めた指導者や師匠たちは、選手や弟子たちに日々の指導や対話を通して、その「理念」を刷り込んでいく。だからこそ、選手は圧倒的な強さを示すようになるし、弟子は心を打つ作品を創り上げるのである。

　自分の欲望（有名になりたい、社会的地位がほしい、自分だけ幸福になりたい、大金がほしい、など）を優先してしまう人は、「何のために」という目的を見失っており、「国家のために」「みんなのために」「相手のために」という大義名分には関心をもたない。このように、人間性そのものが貧弱では、人の心を捉えるような「理念」など生まれてこない。

　幕末から明治維新にかけて、時代を疾走した薩摩藩、長州藩、土佐藩の男たちは、「このままではいけない」と、国のあり方について真摯に考えた。開国を機に、日本の将来を語り合った。大志あるところに、「理念」が生ま

れるものである。

　理念というものは、たとえ何があろうともぶれない。たとえ、誰から批判をされようが、根っこの部分は微動だにしないものである。

　地上の葉や茎や幹が大きな風に吹きとばされ、山火事で燃え尽きたとしても、根っこが残っている限り、やがて芽を出し、茎が伸びていく。大切なのは根である。「根美人、性根、根気、根性、根っから」といった言葉に見られるように、「根」が不変のものであること、本質であることは誰もが知っていることである。根の部分は普段は見えない。見えないからこそ、人は「どっしりした根」の存在、つまりここで言う「理念」に心が動かされるのである。

3.「相手」に求めるのではなく「自分」から動く

　教師は、初任から3年ぐらいの間で、その後の教師人生の骨格（考え方や習慣）が出来上がる。

　ひな鳥と同じで、最初の環境で「刷り込まれたこと」がその後の判断基準になってしまうのである。

　同僚が時間にルーズで、会議や集会でだらだらとしゃべっているような職場に着任した若い教師は、3年後はどうなっているだろうか。

Haruka Ako

　一方、同僚が時間や期限を守り、話すときは「私の言いたいことは3点あります。1点目は…」と論理的に話すことが当たり前になっている職場で育った若い教師の3年後を想像してみてほしい。

　職員室で、よい授業、分かる授業を目指して、熱く語り合う教師集団にもまれていると自分もそうなる。話題が部活動の指導や生徒指導のことばかりで、教材研究をしていると「そんな暇があったら廊下や校舎周りを見にきてくれ」と言われるような職員室にいると、いつしかそれが当たり前になって

第7章　特別エッセイ

しまう。

　ただ、今が、同僚性が弱い、職員室では愚痴や生徒の悪口が聞かれるような状況であったとしてもがっかりすることはない。要は、自分を変えることである。「変わらなければ」と窮屈に考えるのではなく、楽しく自己変革をしていくとよい。それには、同じ方向を向いている仲間、授業づくりで情報交換ができる話し相手を作ることである。「こんなことをしたいんだ」という夢を語り合い、自作プリントや学級通信（教科通信）などを見せあうと元気になれる。生徒の感想や作品を、互いに分析してみると次の一手が見えてくる。気兼ねしない仲間はやがて同志になっていく。その同志を、1人、2人と増やしていくことである。

　人（相手）を変えることは難しい。忠告を「おせっかい」と受け取られるし、「そんなことは、言われなくても分かっている」とつむじを曲げられるのがおちである。いつも You message でいると、「してあげたのに」「してくれない」と、知らず知らずのうちに、「ギフ・アンド・テイク」を求めるようになり、互いにぎくしゃくしてくる。ギブ・アンド・ギブでよいと割り切り、話を聞いてもらえるだけで「楽しい！」と考えることである。

　筆者は、初任のときに、1人の尊敬する先輩教師から、次のように言われたことがその後の教師人生のバックボーンになっている。

> 出会いや、起こることは必然だと考えるがよい。何かしら、意味があるものだ。どんなことでも、それに感謝し、謙虚に受け止めて、学び続けていけばよい。必ず自分を成長させてくれる。心がけたこと、やったことは、最後は必ず自分に戻ってくる。手を抜けば、大きなしっぺ返しが来るし、心を込めれば、倍の喜びとなって返ってくる。今は、辛いことの方が多いかもしれない。しかし、きっとできると信じ、前向きの気持ちでさえいたら、必ず解決できるものだ。

　その後、筆者はむさぼるように本を読んだ。それがきっかけで、向山洋一

氏、野口芳宏氏、尾木直樹氏と知り合い、親交を深めるようになった。筑波の研修会で出合った新里眞男氏、松本茂氏からは大きな影響を受けた。

きっかけは本からでもよい。ただ、必ずその人に会いに「自分」から出かけることである。優れた人物と知り合い、よき薫陶を受けることは、教師人生で最も大切なことだ。

世の中で、学べないことは何もない。勤務した３つの中学校は、いずれも荒れた。校内暴力、他校との喧嘩、アンパン（シンナー、トルエン）パーティ、無免許でバイクの暴走行為、授業中にいたずらで鳴らされる非常ベル、消火器が毎日のようにばらまかれた。車が壊され、金髪、紫色、黄色、赤茶色に髪を染めて、長ランや短ランに身を包んだ生徒たちが、校内を徘徊した。表面や形式を優先する教師、厳しすぎる教師、生徒に迎合して甘やかす教師に対して、気持ちが荒れた生徒たちの矛先が向かった。

彼らは、悪いことをしているのは自分でも分かっている。ダメなことはダメとバシッと言ってほしいのだ。「ぶれない大人」「存在感のある大人」「生き方のモデル」を具体的な行動で示してほしいのだ。それを、口先だけで、しかも道理や理屈で分からせようとするから反発するのである。彼らの行動は、認めてほしい、相手にしてほしい、比べないでほしい、という切なる願いの裏返しである。

10年後、筆者が学年主任をしたとき、その時に学んだことが生きたように思う。筆者は、４月１日、８人の担任の前で、最初の学年だよりに「３学期にはどんな生徒になっていてほしいか。そのために自分はこんなことをする」を、保護者と生徒たちに向けて自己申告しようじゃないかと呼びかけた。そして、その後の学年だよりに、リレー連載で、自分がその後その目標に向けて何をしているかを報告してもらった。

行事、学級経営、部活動、そして授業の中の事実を具体で示して、教師たちはその思いの丈を語った。協力してもらうには、「〜してほしい」と要求するのではなく、まず「自分たち」から動こうと決心したのである。

まずは、「こんな生徒にしたい」という強い情熱をもつことである。次に、

第7章 特別エッセイ

ゴールを設定して、それを公言することである。逃げも隠れもしない、言い訳もしない、という気持ちが使命感を育てる。さらに、ゴールが決まれば、それに向けて、いつまでにどうするかと逆算（バックワード・デザイン）ができるようになり、先の見通しも生まれる。

　その後、6月に8人の担任をシャッフルし、1週間、自分のクラス以外の朝の会、給食、帰りの会に出るというプロジェクトを実施した。ねらいは、学級王国ではなく、学年全体を全員の目で見ること、よさを知ること、それを教師仲間や生徒に伝えることであった。毎日、放課後に集まり、1日の報告会を行った。学年の教師たちは、時間を忘れて語り合った。「明日はどの学級に誰が行けばよいか、またそれはなぜか」といったことも、自然に出てくるようになった。

　「私たちの学年の生徒たち」という発想になると、同僚性がどんどん高まっていく。そのうちに、筆者のペア学習を真似て、すべての教科で、教科独自のペアやグループができるようになった。学年のリーダー群を増やすためである。

　さらに、訂正ノートと称して、テスト後に、左ページにテストを貼らせ、右ページには、自分に向けて間違った問題の説明をさせた。答えを書かずに、なぜその答えが導き出されるかを解説させたのである。

　理解したことでないと、人は説明できない。テスト1週間前には、班ごとに予想問題を作り合った。授業中も、ライバル同士で問題を作って交換し、それを夢中で解きあった。

　いつしか、学年の教師たちは「答えを知って終わるような学習では、いつまで経っても自律できない」という考えをもつようになっていた。

　荒れた学校にいると、「ひどい、辛い、忙しい」という気持ちになる。しかし、私たちは、どんな状況であっても、「いい勉強になる。これを経験することで、チャンネルが増える。自分を成長させてくれる糧になる」と励まし合った。すると、「よっしゃ！」「さあ、いくぞ！」という前向きな気持ちになれた。

いずれの荒れも1年で終わった。今、振り返ってみても、教師全員で「自分から動こう」としたこと、「分かる授業」から「できる授業」への転換を目指したこと、教師集団の仲がよかったこと、生徒会活動を充実させて「仲間同士のかかわり」を作ったこと、時間を徹底して守ったこと、ポジティブなことばかけ（誉めること）を徹底したことなどが、ターニング・ポイントになったように思う。

　前向きな気持ちになる原点は、同僚たちが互いの理念を大切にすること、力強い同志になることである。同僚が共通行動をとるためには、仲間同士が「共鳴」できないと、実際には動かない。

　共有（複数の人間が共同で所有すること）や共感（他人の考えや行動に同感すること）は、表面的な所為である。共鳴とは、「他者の行動や思想、理念などに深く同感する」という意味である。「なるほど、そうだ」という納得、「自分もそうありたい」という願いが芽生えなければ、形だけの実践になる。

　理念は共有するものではない。共鳴するものである。理念とは、自分独自のものである。だから、まずは「この先生の教え方はよく分かる！」「この先生の言うとおりにすれば、できるようになる」と実感させるような授業を目ざすことである。さらに、生徒とともに創り出した「力の付く授業」の道筋をきちんと「理論武装」し、様々な機会をとおして発信する（研究授業をする、研修会等で実践発表をする）ことである。

　これらのことを地道に繰り返していけば、あなたの「理念」はどんどん堅固なものになっていくはずである。そして、その「理念」が、授業デザインや生徒理解にもつながり、生徒の信頼を勝ち取っていく。教科書を先に進むことよりも、生徒の信頼を得ることの方が、はるかに重要なのだということを肝に銘じておいてほしい。何度も言うが、「相手」に求めるのではない。理念づくりのルールは、「わたし」から働きかけることである。

　最後に、みなさんに質問をしたい。

　「線が書けるのはどんなときか」

　線とは、点がつながったものであり、線の端っこは必ず点であるというこ

とである。つまり、点が2つあれば、線にすることができる。逆に言えば、点と点をつないで線にできるのは点がないとできないということである。

　人生において、点と点をつないで線にできるのは、過去を振り返ったときだけである。ただ、自分が一生懸命にやったことしか、点になって残らない。体験が「こんなことを学んだ」という経験になったときに、はじめて点になる。振り返ったときに、点になって浮かび上がって見えるのは、経験となったものである。体験で終わっている場合は、点になって見えない。

　運動会、文化祭、合唱コンクールが、ぼんやりとした薄い点（計画したことをやった）なのか、くっきりと濃い点（つけたい力が確かについたと認識できた）なのかは、目的をもっていたかどうか次第である。

　点と点をつないで、線にしたときに、その関係を自分で言語化でき、理論武装できるようになっていると、将来においても、自分のカレンダーに点（何を、いつまでに、どこまで）を打っておける。つまり、「未来予想図（自分の計画）」を作れるということである。それができるのは、どの活動も、目的をもって、真摯に取り組んだ人だけである。仕事をやりっぱなしの人、こなしている人は、いつまで経っても、真の意味で逆算（バックワード・デザイン）はできるようにはなれない。

　人生を竹に例えると、点は竹の節のようなものである。竹は、節の部分があるからこそ、どんなにしなっても折れない。やがて、その点が線になって1年がつながったとき、それは「教師年輪」の1つになる。

　「人間」として、自分がされてうれしいことを生徒にしてあげてほしい。自分がされていやなことは絶対にしないことである。「教師だから」で許されることなど、何1つないということも胸に刻んでおいてほしい。教育にごまかしは効かない。

　未来からの留学生、日本という国家を担う人を育てる責務（責任と義務）を負っているのは、今これを読んでいるあなたである。それを、ぜひ理解しておいてほしい。あなたならきっとできる。

Haruka Ako

参考文献

菅正隆・田尻悟郎・中嶋洋一(2004)『ゆかいな仲間たちからの贈りもの』日本文教出版

菅正隆・北原延晃・久保野雅史・田尻悟郎・中嶋洋一・蒔田守(2003)『6-way Street 上巻2枚組』[DVD]バンブルビー

菅正隆・北原延晃・久保野雅史・田尻悟郎・中嶋洋一・蒔田守(2003)『6-way Street 下巻2枚組』[DVD]バンブルビー

菅正隆・北原延晃・久保野雅史・田尻悟郎・中嶋洋一・蒔田守(2003)『6-way Street ライブ版3枚組』[DVD]バンブルビー

中嶋洋一(1997)『英語のディベート授業30の技』明治図書出版

中嶋洋一(2000)『英語好きにする授業マネージメント30の技』明治図書出版

中嶋洋一(2000)『学習集団をエンパワーする30の技』明治図書出版

中嶋洋一(2000)『英語の歌で英語好きにするハヤ技30』明治図書出版

中嶋洋一・大津由紀雄・柳瀬陽介(2006)『15 フィフティーン』ベネッセ・コーポレーション

三浦孝・弘山貞夫・中嶋洋一(2002)『だから英語は教育なんだ』研究社出版

三浦孝・中嶋洋一・池岡慎(2006)『ヒューマンな英語授業がしたい』研究社出版

あとがき

　本日は、2011年3月21日です。10日前の3月11日に発生した東日本大震災では国内観測史上最大のマグニチュード9.0の地震が起こり、太平洋岸を巨大な津波が襲いかかりました。10日が経過した現在でも、その被害の全容はまだ明らかとなっていないほど、情報は混乱し、被害は甚大です。残念なことに、被災地では多くの子どもが犠牲となってしまいました。卒業式のシーズンとも重なり、それまで準備していたような卒業式が行えず、音楽室や会議室で行う学校も数多くありました。そして式では「これからの日本を復興させるのは、皆さんの世代だ」という校長式辞が多くあり、それを聞く児童・生徒の様子はことばに表せないほどの真剣なものでした。

　教育とは、次の世代に何かを託すことです。何かとは、私たちが大切にしていることで、社会だったり、地域だったり、国家だったり、世界だったりします。これらを安心して次世代に任せられるようにするためにも、教師の役割は重いものとなります。

　本著は、教員志望の大学生などの若者や、若手教師を読者層として考え、第一線で活躍する24名の先生方に執筆を依頼しました。若手の持つパワーや、中堅のバランス感覚、ベテラン特有の俯瞰能力やことばの重みまで、それぞれの年代の個性があふれるメンバーは、多忙にもかかわらず、執筆依頼を快諾してくださりました。皆さんにとって本書の中には、波長が合うものもあれば、合わないものもあるかもしれません。合うものを取り入れ、合わないものは捨てるのではなく、自分が感じたことを、寝かせてみてください。そして、5年後、10年後にもう1度、読み直してほしいと思います。特に教育は身を沈めて初めて分かることが多く、時間をおいてから読むことで、そこに新しい発見があると私は信じているからです。

大震災からの復興は、平坦なものではないでしょうが、それを乗り越えていく「基礎力」は教育にあります。目に見えないその力を信じ、教師としての仕事に取り組み、次世代の成長の援助に取り組んでいきましょう。

（組田幸一郎）

執筆者・編者紹介
　　（名前　所属　英語教員を目指す若い人に一言）

執筆者（掲載順）

宇江裕明　広島県尾道市吉和小学校
　言葉の世界への水先案内人として、誇りと喜びを持って教室へ行きましょう。

横溝紳一郎　佐賀大学
　子どもたちを育てるためにすべきこと。それは、自分自身が成長し続けている姿を見せること。

道面和枝　広島県廿日市市立大野東中学校
　生徒にとって一生学び続けるお手本になってください。

上山晋平　広島県福山市立福山中・高等学校
　英語力を伸ばすには、3つの「や」！（やる気・やり方・やり続けること）

大野理智子　秋田県湯沢市立湯沢南中学校
　教師の仕事は「未来を創ること」。一緒に生徒の夢を叶えましょう。

山岡大基　広島大学附属福山中・高等学校
　我流に陥ってもカリスマ教員をあがめてもすぐに限界が来ます。

福水勝利　千葉県立印旛明誠高等学校
　教員の最大の仕事は授業です。教員も英語力をつけ、学ぶことが大切と考えています。

麻生雄治　大分県立大分上野丘高等学校
　生徒たちと共に学び、成長できる毎日の生活に感謝しています。

阿部清直　渋谷教育学園幕張中学・高等学校
　これからも英語力、授業力、人間力を高めるたゆまぬ努力を忘れずに。

出口賢一
多くの人と関わり、様々なことを経験して、共に素敵な教師を目指しましょう！

矢原孝則　岡山県立勝間田高等学校
英語を一度嫌いになってください。見える景色が変わるはずです。

山谷千尋
夢は必ず叶う。どんな時も自分の信念を信じ諦めずに突き進んで下さい。

兼田幸恵　岡山大学教育学部附属中学校
(1)人に会う、(2)旅に出る、(3)本を読む、人が成長する3要素だと思います。

大塚謙二　北海道洞爺湖町立洞爺湖温泉中学校
教師として大切なことはバランスです。色々なバランスをうまくとってください

福島昭也　東京学館高等学校
教員はいつでも試行錯誤の連続。悩みながらも前進しましょう。

高橋圭　千葉県佐倉市立臼井南中学校
自分の実の子どもに通わせたい学校、受けさせたい授業を目指しましょう。

江利川春雄　和歌山大学
教育は希望を語り合うこと。過去から学び、未来を拓きましょう。

樫葉みつ子　広島大学
生徒を信じること、そして、教育の力を信じること。

加藤京子　兵庫県三木市立緑が丘中学校
いつも英語を楽しみ、自らも学ぶ人でいよう。

蒔田守　筑波大学附属中学校
今の私にできることを大切にし、生徒をかわいがってください。

中嶋洋一　関西外国語大学
　「これは！」という人物と出あうこと。すべてはそこから始まる。

編者
柳瀬陽介　広島大学
　培う英語力を、日本語書物からの教養と日常生活の知恵と融合させて下さい。

組田幸一郎　千葉県立成田国際高等学校
　教科指導の技術だけに頼らず、目の前の生徒を大切にしてください。

奥住桂　埼玉県宮代町立須賀中学校
　情報は発信したところに集まります。言葉で、姿で、人に伝えよう。

重版に際して一言
（2刷重版時の先生方からのメッセージ　所属は重版時のもの）

執筆者（掲載順）

宇江裕明　広島県尾道市立栗原小学校
　教師の成長には「悩み」「学び」「挑戦」「語り」が必要です。さあ、ページを開きましょう。

横溝紳一郎　佐賀大学
　自分は何をめざして英語を教えているのか、じっくりゆっくり考えよう。

道面和枝　広島県廿日市市立大野東中学校
　ひとりの生徒の育ちに、同じ目標を持つ教師がリレーしながらかかわる幸せ。

上山晋平　広島県福山市立福山中・高等学校
　「人生は3万日」（平均寿命82歳＝29930日）。限りある命（毎日）を大切に。

大野理智子　秋田県湯沢市立湯沢南中学校
　この本が、1人でも多くの方々の「元気の素」になることを願っています。

山岡大基　広島大学附属中・高等学校
　既成の言葉は重要ですが、それに自分を無理に当てはめるのは成長の妨げです。

福水勝利　千葉県立印旛明誠高等学校
　教育の力を信じ、焦らず、くさらず、負けずに未来を創っていきましょう。

麻生雄治　大分県立大分上野丘高等学校
　英語教育で一緒に汗をかきませんか？　面白さと奥深さが実感できます。

阿部清直　渋谷教育学園幕張中学・高等学校
　「成長する英語教師をめざして」は私自身にとっても終生のテーマです。

出口賢一　鹿児島県立串良商業高等学校
　新しい学校に赴任してから本書を読み直し、また新たな発見がありました。

矢原孝則　岡山県立勝間田高等学校
　空回りするほど自分のことに必死に。青い炎を与えてくれるはずです。

山谷千尋
　この本が、一人でも多くの方の「気づき」のきっかけになると嬉しいです。

兼田幸恵　岡山大学教育学部附属中学校
　人生は一度きり。「人に会う・旅に出る・本を読む」を出来る限り実践したい。

大塚謙二　北海道壮瞥町立壮瞥中学校
　悩んだ分だけ強くなる。経験から出てきた言葉には多くの知恵が眠っている。
福島昭也　東京学館高等学校
　求める「何か」を見失いそうなときのおまじない「ルヤデマルキデ」。
高橋圭　千葉県佐倉市立臼井南中学校
　ここ最近の新規採用の先生達にすごく才能を感じます。迷わず進んでください。
江利川春雄　和歌山大学
　心に生徒語の翻訳機能を。ウザい＝大好き、キモい＝素敵、ダルい＝面白い！
樫葉みつ子　広島大学
　最初からうまくいかなくて当然です。あきらめず、へこたれず、石の上にも3年。
加藤京子　兵庫県三木市立緑が丘中学校
　言葉の海は広く深いです、日本語も英語も。その感動が授業を作ります。
蒔田守　筑波大学附属中学校
　教員生活もあと2年。未だに毎日悩むがこれが苦しくも楽しい。毎日を大切に！
中嶋洋一　関西外国語大学
　準備や段取りの良し悪しは、こだわりや熱意に比例します。

編者
柳瀬陽介　広島大学
　他人の声を大切にして、静かに耳を傾ける文化を育みたいと思います。
組田幸一郎　千葉県立成田国際高等学校
　ステキな「教員年齢」を重ねていきたいものです。
奥住桂　埼玉県南埼玉郡宮代町立前原中学校
　記録は大切ですね。あとで読み返して自分の成長を感じることができます。

成長する英語教師をめざして
新人教師・学生時代に読んでおきたい教師の語り

発行	2011年 8月17日 初版1刷
	2012年10月 9日　　　 2刷
定価	2600円＋税
編者	©柳瀬陽介・組田幸一郎・奥住 桂
発行者	松本 功
装丁者	上田真未
組版者	内山彰議（4 & 4, 2）
印刷製本所	株式会社 シナノ
発行所	株式会社 ひつじ書房
	〒112-0011 東京都文京区千石2-1-2 大和ビル2階
	Tel.03-5319-4916　Fax.03-5319-4917
	郵便振替 00120-8-142852
	toiawase@hituzi.co.jp　http://www.hituzi.co.jp

ISBN978-4-89476-542-9

造本には充分注意しておりますが、落丁・乱丁などがございましたら、小社かお買上げ書店にておとりかえいたします。ご意見、ご感想など、小社までお寄せ下されば幸いです。